愛は憎しみを超えて
中国を民主化させる日本と台湾の使命
大川隆法
RYUHO OKAWA

2019年3月3日、グランド ハイアット 台北にて

▲著作フェアが開催された台北市内の紀伊國屋書店

▲会場外観

「愛は憎しみを超えて」（第１章、第２章）

▲駅の構内に掲示された講演会のポスター

「『毛沢東の霊言』講義」（第３章）

2019年2月11日、幸福の科学 名古屋正心館にて

まえがき

本書は、今年刊行される私の本の中でも、最も重要なものの一つである。共産主義、全体主義について、現代的解説を簡潔《かんけつ》に述べた政治テキストであると同時に、第三次世界大戦の勃発《ぼっぱつ》をアジア・太平洋地域でくい止めるための必読の一書でもある。

「愛は憎しみを超えて」と題した本年三月三日の台湾での講演は、著者渾身《こんしん》の一時間余りの言論戦であり、講演中、暗殺される危険も覚悟した不惜身命《ふしゃくしんみょう》の一撃《いちげき》である。

結果的には、多くの聴衆の感動を呼び、講演会場のホテルの室内で、金粉《きんぷん》がたくさん降《ふ》り、金の柱が目の前で立つのを目撃した人も複数いた。取材に来ていた台湾人記者も金粉現象を撮影している。神の心がどこにあるのかを証明したものであろう。

二〇一九年　三月九日

幸福《こうふく》の科学《かがく》グループ創始者兼総裁《そうししゃけんそうさい》　大川隆法《おおかわりゅうほう》

愛は憎しみを超えて　目次

第1章　愛は憎《にく》しみを超《こ》えて

第2章　「人間の幸福」と「国家」について
――質疑応答――
二〇一九年三月三日
台湾・グランド ハイアット 台北にて

2 人々が幸福に暮らせる国家とは

第3章　「自由・民主・信仰」が世界を救う

――『毛沢東の霊言《れいげん》』講義――

二〇一九年二月十一日　説法

愛知県・幸福の科学　名古屋正心館《なごやしょうしんかん》にて

第1章

愛は憎《にく》しみを超《こ》えて

二〇一九年三月三日　説法《せっぽう》

台湾《たいわん》・グランド　ハイアット　台北《タイペイ》にて

1　言論によって世界を変えている幸福の科学

「日本と台湾《たいわん》」「台湾と中国大陸」の懸《か》け橋として

（会場拍手《はくしゅ》）こんにちは。

十一年ぶりに台湾《たいわん》に来ることができました。このような機会を持てましたことを、とてもうれしく思います。

これは、事前に決まっていたことではありません。

実は、今年（二〇一九年）の二月初めに、李登輝《りとうき》元総統閣下から、お手紙と自伝的なＤＶＤセットを、私宛《あ》てに贈《おく》っていただきました。

礼状は書いたのですが、李登輝元総統のお手紙を読んでみますと、九十六歳《さい》と

●**十一年ぶりに……**　2008年11月9日に台湾・幸福の科学 台北《タイペイ》支部精舎《しょうじゃ》にて、「仏国土《ぶっこくど》ユートピアの実現」と題して説法《せっぽう》を行った。『朝の来ない夜はない』第4章（幸福の科学出版刊）参照。

いうご高齢《こうれい》にもかかわらず、台湾の未来をとても憂《うれ》える心情で溢《あふ》れていまして、私のような、まだまだ若輩《じゃくはい》の者に対しても、「台湾の未来をよろしく頼《たの》む」というようなことを謙虚《けんきょ》に書いておられました。

私に何ほどのことができるかは分かりません。しかしながら、「日本と台湾」の懸《か》け橋になり、「台湾と中国大陸」の懸け橋になることぐらいは、私にもできるのではないかと考えています。

この台湾にも、何千人もの幸福の科学の信者がいます。また、緊張《きんちょう》関係にある中華《ちゅうか》人民共和国にも、何千人もの幸福の科学の信者がいます。国境を越《こ》えて、信者同士の心のコミュニケーションもあります。私は、両国に信者を持っている宗教団体の総裁です。

今、当会は世界百五カ国以上で活動をしております。それぞれの国においては、仲の良い国も、利害が相反《そうはん》している国もございます。それでも、「幸福の科学の

●**李登輝**（1923～）　台湾の政治家。日本統治下の台湾に生まれる。京都帝国大学農学部、台湾大学農学部、コーネル大学等に学ぶ。その後、台湾政界に進出し、1988年、蔣経国《しょうけいこく》の死去に伴い総統に就任。1996年には史上初の直接選挙での総統となった。

信仰《しんこう》に通じる教えによって、世界の人々を結びつけたい」という願いを持って、今日《こんにち》までやってまいりました。

憎《にく》しみを緩和《かんわ》し、愛によって国を発展させよ

どこまで通じるかは分かりませんけれども、少なくとも日本においては、「一個人としての言論、あるいは、書籍《しょせき》を通しての影響力《えいきょうりょく》」ということでは、今、私がいちばん力を持っています。

そういう意味では、私が世界各地で発言したことは、日本の新聞に転載《てんさい》されたりすることになります。

去年（二〇一八年）の十月に、私は●ドイツのベルリンで講演をしました。そのときに、「中華人民共和国のなかの新疆《しんきょう》ウイグル自治区に強制収容所があって、

●ドイツのベルリンで……『Love《ラヴ》 for《フォー》 the《ザ》 Future《フューチャー》』（幸福の科学出版刊）参照。

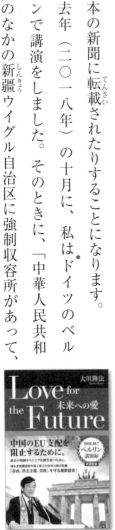

百万人以上の方が、現在、厳しい洗脳教育状態にある」ということを訴《うった》えました。そうすると、その数日後に、中華人民共和国は、強制収容所（再教育施設《しせつ》）があるということを正式に認めました。そして、それが世界の新聞に載《の》り、日本の新聞にも載りました。

そういうことがありますので、「言うべきことは、思いついたら、やはり言わなければならない」と考えています。

今の話でも分かりますように、幸福の科学の教えは、「いろいろな宗教の違《ちが》いを超《こ》えた正しさとは何か」ということを追究しています。そして、世界各地において、人々が万一《まんいつ》、不合理な苦しみのなかに置かれているならば、少しでも、そういう人たちの苦しみを和《やわ》らげ、また、憎《にく》しみによって支配されている国があるならば、その憎しみを緩和《かんわ》し、愛によって国を発展させる方向へと変えるように、平和的手段である言論で訴えています。

日本という国では、戦後、長らく、「人々が思考停止に陥《おちい》り、考えることをやめる時代」が続いていました。そういうときに、幸福の科学が現れて、「未来のあるべき方向」を指し示すようになりました。

今、政権与党《よとう》は自由民主党というところであり、そこが政権を担《にな》っていますけれども、実際の日本の政治自体は、「幸福の科学、あるいは、幸福の科学グループのなかにある幸福実現党という政党から発信されたオピニオンに基《もと》づき、二、三年遅《おく》れで政権が政策をやっている」というのが現実です。

「情熱」「やる気」「やり続ける継続力《けいぞくりょく》」がある幸福の科学

まだまだ、この講演会は小さいものではありますが、みなさん、この講演の内容は、しばらくしたら、世界百カ国以上で上映されるのです。これはすごいことです。同じ内容が全世界で共有されるのです。

そういうことなので、こうした宗教的な力を、それほど軽くは見てほしくないと思います。

また、私たちは粘《ねば》り強いのです。とても粘り強いので、すぐに諦《あきら》めたりはしません。粘り強く、粘り強く、やり続けます。

幸福の科学は、世論《せろん》がまったくの逆風で、反対側に向かおうとしていても、「間違っている」と思ったら、はっきりとものを言う団体です。

私が十一年前に台湾に来たときは、●馬英九《ばえいきゅう》総統の時代に入ったころだと思います。そのときの私の率直《そっちょく》な感想としては、「台湾の危険」を感じました。「台湾は大丈夫《だいじょうぶ》かな。このままだと、北京《ペキン》政府の考えているとおりの方向に持っていかれるのではないか」ということを非常に心配していたのです。

同じころ、日本では、野党であった民主党が、二〇〇九年以降、政権を取って、三人の総理大臣を出しました。

●**馬英九**（1950～）　台湾の政治家。台湾大学卒業後、ハーバード大学などで学ぶ。アメリカで弁護士などをした後、台湾に戻り、台北市長等を務める。2008年に第12代、2012年に第13代総統に就任。『台湾と沖縄に未来はあるか？』（幸福実現党刊）参照。

そのとき、「国の向かうべき方向が間違っている」ということで、私たちは幸福実現党という政党を立てて、激しく批判をしました。そうすると、三年ほどで民主党政権は終わり、今の安倍晋三《あべしんぞう》政権が立ったのです。そういう状況《じょうきょう》です。

そのように、あえて、「ほかのところではできないこと」をやるのが幸福の科学です。

それだけの実力が十分にあるかどうかは分かりませんが、「情熱」と「やる気」と「やり続ける継続力《けいぞくりょく》」ということに関しては、他の団体に見劣《みおと》りするようなことは決してないと思っています。

まず、「神仏から見た正しさとは何か」を考える

私たちは、何よりもまず、「神仏から見た正しさとは何か」ということを考えます。

この世的には、例えば、法治国家、法治主義、「法律でもって正しさを決めて、それに従わせる」というようなことが、当たり前に行われています。これは、中華人民共和国でも、中華民国、台湾でも同じです。

しかし、そうした法治主義であっても、「本当の意味において、神や仏の考えを受けたかたちで法律が制定され、国民を幸福に導くために法律が使われているのか」、それとも、「神仏の考えとはまったく関係なく、政治をやっている人たちが、自分たちに都合《つごう》がいいようにのみ、やっているのか」というのは、非常に大きな違いです。

「法治主義であればよい」というものではありません。「その法律をつくる人たちが、神の心に適《かな》った生き方、あるいは、仕事をしているかどうか」ということが、とても大事であると思います。

2 台湾《たいわん》と中国、どちらが正統なのか

「孫文《そんぶん》、蔣介石《しょうかいせき》、李登輝《りとうき》、蔡英文《さいえいぶん》」の流れが正統なもの

今回、ここ台湾《たいわん》に来るに当たりまして、私は、孫文《そんぶん》以降、中華《ちゅうか》人民共和国と中華民国という二つの国に分かれていった流れについて、その指導者たちの霊言《れいげん》、すなわち、すでに亡《な》くなった方の霊言や、まだ生きている方であれば、その人の「魂《たましい》のきょうだい」ともいわれる守護霊《しゅごれい》の霊言も数多く録《と》りました。すでに本になっているものも数多くありますし、まだ中国語に訳されていないものもありますが、おそらく、映像や音声は公開されているだろうと思います。

●孫文（1866 ～ 1925）　中国の革命家・思想家。日本などに亡命しながら清《しん》朝打倒を指導し、1911 年に辛亥《しんがい》革命が起こると、中華民国の初代臨時大総統となる。「三民主義」を唱《とな》えながら、死の直前まで革命運動を続けた。

●蔣介石（1887 ～ 1975）　中華民国初代総統。孫文に師事。中国国民党指導者として反共政策を推進。第二次世界大戦後、毛沢東の率いる共産党軍に敗れ、1949 年、台湾に逃れた。

その結果、だいたい分かったことは、孫文は、中華人民共和国においても、ここ台湾においても、「国父《こくふ》」と呼ばれておりますが、孫文革命以降、孫文、蔣介石《しょうかいせき》、そして李登輝《りとうき》氏や蔡英文《さいえいぶん》氏の流れのほうが正統であるということが、よく分かりました。

なぜならば、こちらの流れの方々には、死後、天上界《てんじょうかい》の高級霊界《れいかい》に還《かえ》っている方が数多くいるからです。全員とは言いません。多少は変わった方もいらっしゃるかもしれません。

一方、中華人民共和国のほうは、大きくなり、軍事力もあり、経済的にも発展して、政治的な力も世界的に及《およ》んできてはいます。しかし、残念ながら、毛沢東《もうたくとう》、それ

●その指導者たちの霊言……　（左から）『孫文のスピリチュアル・メッセージ』『「中華民国」初代総統 蔣介石の霊言』『日本よ、国家たれ！　元台湾総統 李登輝守護霊 魂のメッセージ』『緊急・守護霊インタビュー　台湾新総統 蔡英文の未来戦略』（いずれも幸福の科学出版刊）等参照。

から、改革開放を成し遂《と》げたと言われる鄧小平《とうしょうへい》、そして、最近の習近平《しゅうきんぺい》氏の流れのなかには、実は、私たちが持っている「神仏の考え」とは違《ちが》うものが入っていることが明確になりました。実に厳しい内容です。

台湾《たいわん》での講演会を非常に嫌《いや》がっていた習近平守護霊《しゅうきんぺいしゅごれい》

先般《せんぱん》、二月に日本の名古屋《なごや》で、「『毛沢東の霊言』講義」という講演を行いました（本書第3章参照）。日本で、名古屋で、『毛沢東の霊言』（幸福の科学出版刊）の講義を日本語で、日本人に対して行いました。しかし、毛沢東の霊は、それをやめさせようとして、一生懸命《いっしょうけんめい》、圧力をかけてきました。「困る」ということです。

『毛沢東の霊言』（幸福の科学出版刊）

●蔡英文（1956～）　台湾の政治家。民進党から立法委員選挙に出馬、当選。行政院副院長、党主席等を経《へ》て、2016年に第14代総統に就任。台湾初の女性総統となる。2020年に行われる次回総統選挙への出馬を表明している。

●毛沢東（1893～1976）　中国の政治家。中国共産党の創立に参加、日中戦争では抗日戦を指揮した。戦後は、蔣介石の国民党軍を破り、中華人民共和国を建国、初代国家主席となる。大躍進政策や文化大革命などを推進したが、数千万人もの国民が犠牲になったと言われている。

今朝《けさ》も、この会場に出てくる前の午前中、習近平《しゅうきんぺい》氏の守護霊《しゅごれい》が、「この講演会を何とかやめてもらいたい」と、交渉《こうしょう》に来ました。そう長い時間ではありません。時間にして約十三分ですが、きちんと録音してあります。十三分間にわたり、「やめてほしい」ということを言っていました。

今日のこの会場は、わずか九百人ぐらいしか予定していないので、「九百人ぐらいの講演会など、十四億の中華人民共和国から見れば、ほとんど影響《えいきょう》はないでしょう。もう、小石を投げたようなもので、関係ないでしょう」と思ったのですが、あちらは、「いや、そんなことはない。けっこう、ジワジワ効いてくる。いろいろなところから情報が入ってきて、嫌《いや》なんだ。余計なことを言わないでくれ。できたら、（講演を）やめてくれるのがいちばんだ」ということを、朝、交渉に来たのです。

●**鄧小平**（1904〜1997）　中国の政治家。1981年、党中央軍事委員会主席に就任し、事実上の最高権力者となる。「改革開放」政策を推進し、市場経済化を進める一方、1989年、民主化を要求する学生運動を弾圧した（第2次天安門事件）。『アダム・スミス霊言による「新・国富論」』（幸福の科学出版刊）参照。

私は、「この程度の規模で行うのに、どうして、そんなに嫌がるのだろう。『天《てん》安門《あんもん》広場で講演会をやる』というのであれば、それはちょっとこたえるだろうとは思うけれども、台湾《たいわん》で、台湾の人を中心にお話をするのに、それが、そんなに気になるのだろうか」と、まことに不思議な感じがしました。

「強い者が正義」という考えは、現代社会では通用しない

もちろん、人間なので、自分の考え方をどう持つかは自由ですし、それに則《のっと》って国を運営していく際に、どのようにしたほうが発展・繁栄《はんえい》するかということについては、いろいろな試みはあってもよいとは思います。

ただ、外してはいけない点があると思うのです。現代は、あくまでも「現代」です。すなわち、封建《ほうけん》時代ではありませんし、かつての戦国時代とは違います。「武力や戦力のある者、より強い者が、弱い者を必ず屈服《くっぷく》させられる。強い者が

正義である」という考えは、現代社会においては通用しないのです。

それに対しては、国際社会が許す場合と、許さない場合とがあるということを、言っておきたいのです。このあたりのところを、やはり、よく考えてもらわなければいけないと思います。

3　全体主義国家・中国の誤り

米朝首脳会談の決裂《けつれつ》は、台湾《たいわん》にとってはよかった

ここに来る直前（二月二十七日～二十八日）、ベトナムのハノイで、アメリカのトランプ大統領と北朝鮮《きたちょうせん》の金正恩《キムジョンウン》氏との会談がありました。結果は、「引き続き対話を続ける」と言ってはいますが、事実上の〝決裂《けつれつ》〟だったと思います。

私は、これは台湾《たいわん》にとってはよかったと考えています。事前の予想では、トランプ大統領がかなり譲歩《じょうほ》するのではないかと見られていました。

もし、アメリカの大統領が、わざわざベトナムという、かつて戦争をした敵であった国まで来て、そこで金正恩氏に会い、彼を対等か対等以上の扱《あつか》いをして、

もし譲歩したなら、台湾は非常に危険なことになるだろうと予想を立てていましたが、トランプ大統領も、そこまで行く前で踏《ふ》みとどまったようです。

もし、北朝鮮がアメリカと対等に話し合えて、互角《ごかく》の戦いを口でできる状態であるならば、「台湾　対　中華《ちゅうか》人民共和国」の話し合いは、将来的に、アメリカの影響力《えいきょうりょく》が極《きわ》めて後退していくことを意味するだろうと考えていました。

実際問題として、金正恩氏の考え違《ちが》いは、「アメリカ　対　北朝鮮」は、経済力（ＧＤＰ比）において「千百　対　一」であり、北朝鮮はアメリカの千百分の一しかないということです。この経済力でもって、原爆《げんばく》や水爆をつくり、アメリカと対等に戦えると思っているということは、指導者の考え方において、やはり欠けているものがあるということです。

人民の多くが飢《う》え苦しみ、そして、政治的活動を制限され、あるいは、強制収容所に収容されている状況《じょうきょう》にあって、そうした水爆開発などに血道《ちみち》を上げている国家指導者というのは、民主主義国家から見れば、やはり、厳しい反省を迫《せま》るべき相手です。そのような相手に対して、あまり、アメリカの大統領が譲歩しすぎることは、問題があると思います。

トランプ大統領は、そういうことを少しずつ相手に分からせようとしていて、平和的に解決できればよいと考えてはいるのだと思います。

しかし、「アメリカとは対等ではない」ということを、北朝鮮は知ったほうがよいのです。

投票による「永久革命」が可能なのが民主主義国家

国民にとって、圧倒《あっとう》的に不利になったり、あるいは、自分たちの将来的な悲しみ、苦しみにつながったりするような指導者を持っている場合、民主主義国家は、投票によってその指導者を変えることができます。

これは、ある意味での「永久革命《えいきゅう》」です。人が一人も死ななくても、国の体制を変えることができるのです。これが、主権在民、「国民に主権がある」という考え方です。

しかし、国民がそれをできない国、もし、そうした政治体制を変えようとしたら、それを弾圧《だんあつ》し、あるいは粛清《しゅくせい》し、虐殺《ぎゃくさつ》するようなことが起きる国家においては、「政治的自由」、「言論の自由」、「出版の自由」、あるいは、「信教の自由」など、こういうものは、ほぼないに等しいと思います。

この価値観は、選択《せんたく》できるように見えて、実際には、選択の余地はないのです。なぜならば、現代社会は、大きな目で見て、できるだけ多くの人を幸福にする政治体制、経済体制をつくっていくことが目標だからです。

全体主義国家の三つの特徴《とくちょう》

かつて第二次世界大戦がありましたが、戦後、それを評して、「ファシズム対民主主義の戦い」というようなことも言われています。

しかし、厳密には、そうではない面もありました。

例えば、「ソビエト連邦《れんぽう》」という国について、戦後、明らかに見えたのは、「彼らもまた、戦中のドイツやイタリアと同じようなファシズム国家であった」ということです。そうしたことが言えると思います。

ここで見分け方を述べましょう。

「全体主義国家」とは、「国家のために人民、国民がある」とする国です。「国民たちは国家を支えるためにあるのであって、国民が国家のためにならなければ、生きるも死ぬも、国家の自由にされてもしかたがない」「一つの意志

●ファシズム　第一次世界大戦後に現れた全体主義的政治体制のこと。一党独裁で、侵略的政策を取ることが多い。イタリアのファシスト党に始まり、後にドイツやスペインへと広がった。

●全体主義国家　国家や民族の発展のために、国民の自由や権利を犠牲にされる体制を取る国家のこと。

を持った国家が生きるためには、国民の人権は制限され、弾圧されてもしかたがない」。

こういう国が「全体主義国家」といわれるものです。

その特徴《とくちょう》を挙げます。これは、アメリカの政治哲学者《てつがくしゃ》●ハンナ・アーレントの定義によるものです。「全体主義国家かどうか」を見たければ、次に挙げる三カ点を見れば分かると言われています。

第一点は、「秘密警察」「特別警察」のようなものがあって、国民を監視《かんし》しているかどうか。この「秘密警察の存在」が一つです。

第二点は、「強制収容所」というものがあるかどうか。要するに、国民が政権に対して盾突《たてつ》いたり、批判したりするような場合に、それを収容して、ものを言わさないようにするわけです。こういった、世間《せけん》から隔離《かくり》するような「強制収容所」があるかどうかが第二点です。

●ハンナ・アーレント（1906 ～ 1975）　政治学者・哲学者。ユダヤ系ドイツ人として生まれる。1933 年にナチス政権が成立した後、パリに逃れ、1951 年、アメリカに帰化。同年、『全体主義の起源』を発表し、反ユダヤ主義と帝国主義に焦点を置いて、ナチズム、スターリニズムの根源を突き止めた。

第三点は、「粛清」、あるいは、「虐殺」があるかどうか。「時の政権に都合《つごう》の悪い人たちを、十分な裁判の手続きもないままに、一方的に殺し、この世から消していく」というようなシステムが存在するかどうかです。

「秘密警察の存在」「強制収容所の存在」、そして、「粛清」。この三つが揃《そろ》えば全体主義国家であると、ハンナ・アーレントは言っています。

今のところ、台湾は、この三つの基準をどれも満たしていません。その意味では、全体主義国家ではなく、西洋型の、「自由」と「民主主義」と「信仰《しんこう》」に裏付けられた国家がここに存在していると、私は見ています。

毛沢東《もうたくとう》が撒《ま》いた「先軍思想」が残ってしまった中国

では、お隣《となり》の中華人民共和国は、どうでしょうか。人口も多く、経済的にも発展して、一見、理想的に見える部分もあります。

しかし、香港《ホンコン》がイギリスから中華人民共和国に返還《へんかん》されたあと、香港の人たちは、「生活はかなり厳しくなり、自由が制限されてきて、将来的に先が見通せない状態になっている」と言っているのです。そうであろうと思います。

イギリスによる百五十年間の植民地支配（一八四二年～一九九七年）が終わって、中華人民共和国に返還された香港に住む人たちが、その後、貧しくなり、自由が制限され、「雨傘革命《あまがさかくめい》」などを起こさなければいけなくなるというような状態では、返還された側の国としても、やはり、ただ「自《みずか》らの領土だから好きにしてよい」というわけにはいかないと思います。

しかも、世界のリーダー的立場にある国の一つであるならば、やはり、世界についてもっと知り、「世界の人々が、それをどう感じるか」ということを考えたほうがよいのではないでしょうか。

私は、今の中華人民共和国の問題点は、「習近平《しゅうきんぺい》氏が国際音痴《おんち》であること」、この一点に尽《つ》きると思います。

彼がもっと、国際社会について情勢分析《ぶんせき》をし、理解をしていれば、国がもう少し変わるはずです。

そのために、私は、彼の守護霊霊言《しゅごれいれいげん》などを何冊も出して、意見を言っています。変えていただきたいからです。

中華人民共和国のまねをしてつくった北朝鮮が、今、あんなざまになっています。中華人民共和国がやった「先軍政治」のまねをしていますが、その後、市場経済への移行などは、全然できないでいます。

中華人民共和国が経済的に発展したのは、「大躍進《だいやくしん》政策」が失敗し、「文化大革命」が失敗し、毛沢東《もうたくとう》が死去したあと、鄧小平《とうしょうへい》が日本の企業《きぎょう》に対して、「中国に入ってほしい。

●彼の守護霊霊言……　(左から)『世界皇帝をめざす男―習近平の本心に迫る―』『中国と習近平に未来はあるか』(共に幸福実現党刊)、『守護霊インタビュー　習近平 世界支配へのシナリオ』『習近平守護霊　ウイグル弾圧を語る』(共に幸福の科学出版刊)参照。

工場をもっと生産性の高いものに変え、国民を豊かにする方法を教えてくれ」と謙虚《けんきょ》に訊《き》いたためです。それを受けて、日本の財界の人たちが本気になって後押《あとお》しして、中国大陸に生産拠点《きょてん》を移し、工場を移して、中華人民共和国のGDPを増やすということをやりました。そして、結果的には、確かに、国の経済力は大きくなったのです。

しかしながら、(中華人民共和国は)政治的な面においては、建前上かもしれませんが、マルクス・レーニン主義を維持《いじ》しています。「日本をまねしつつ、まねしなかった部分がある」ということです。経済的に豊かになったあとも、毛沢東の撒《ま》いた種である「先軍思想」は残りました。

それが、今、大きな、世界への波乱要因となっています。

●**大躍進政策**　1958年から61年までの間に毛沢東が主導した、農業と工業の大増産を目指した政策。全国民を扇動《せんどう》して増産運動を展開するも、非科学的な農業改革や原始的な製鉄技術、無謀なノルマなどによって、むしろ生産性は大幅に低下。農村の荒廃などにより大飢饉《だいききん》となり、数千万人の餓死者《がししゃ》が出た。

●**文化大革命**　1960年代後半からの約10年間に毛沢東が主導した政治闘争。資本主義寄りと見なされた政治家や知識人が粛清《しゅくせい》されるとともに、宗教が否定され、文化財が破壊された。「紅衛兵《こうえいへい》」といわれる学生・青年の政治組織が中心的な担い手となり、中国国外の研究では、犠牲者は2千万人とも言われる。

4 台湾《たいわん》の「自由・民主・信仰《しんこう》」を中国本土へ

すでに「別の国家」として成長している台湾に、独立など必要ない

昨日《きのう》（二〇一九年三月二日）の産経新聞という日本の新聞の第一面には、東京本社の編集局長が台湾総督府《たいわんそうとくふ》で蔡英文《さいえいぶん》総統に取材した記事が載《の》っていました。

さらに、今朝《けさ》見た地元・台湾の英字紙、あるいは中国語紙にも、その記事の一部が載っていましたが、誰《だれ》が台湾の指導者になろうとも、同じ問題は抱《かか》えざるをえないと思うのです。「民進党か、あるいは国民党か」という選択《せんたく》だけの問題ではないと思います。

私は、先ほど述べたように、「全体主義国家と、そうでない民主主義国家には

●産経新聞……　2019年3月2日、産経新聞は蔡英文総統への単独インタビューを掲載した。そのなかで、蔡英文総統は、中国の脅威が高まっていることを背景に、安全保障問題などについて、日本政府との対話を望んでいることを初めて表明した。

明らかなる違《ちが》いがある」と思っています。

全体主義国家は、「国家そのもののために国民が犠牲《ぎせい》になる国家」です。

一方、民主主義国家においては、「国民を幸福にするのが国家の仕事」なのです。すなわち、国家のエリートたち、官僚《かんりょう》たちは、国民が幸福になるために仕《つか》える人たち、サーバント（奉仕者《ほうししゃ》）であって、もし、高位高官、政治家や官僚たちがそうでなかったら、国民は、いつでも辞《や》めさせることができます。これが民主主義国家だと思っています。

その意味において、今、台湾は、中華《ちゅうか》人民共和国とは明らかに違った文化、違った文明を持っているのです。

蔡英文氏は、「独立という言葉を出したら、中国が硬化《こうか》して、外交上、不利な扱《あつか》いを受けるから、そういうことは言えない」というようなことで、言葉を選びながら抽象《ちゅうしょう》的に言ってはいますが、独立などする必要はありません。

もうすでに、台湾自体が「別の国家」として成長してきています。この国家は別の国家だと思います。

台湾《たいわん》の自由・民主・信仰《しんこう》と繁栄《はんえい》を、中国本土に広げる

私がお願いしたいことは、この台湾《たいわん》の繁栄《はんえい》と発展、民主主義、自由主義、そして、資本主義的なものの考え方と、信仰《しんこう》を大事にする考え方を、中国全土に広げることであり、実は、これが、中国の人民の幸福につながるのです。

今、香港《ホンコン》の人たちも、非常につらい思いをしています。何とかして助けてあげたいと思います。

台湾の人たちは、今、台湾のことしか考えられないかもしれないけれども、香港の人々が、これからの未来で苦しい目に遭《あ》うなら、どうか、「彼らも助けてあげたい」という気持ちを持っていただきたいのです。これは、私の願いでもあり

ます。

人々を苦しめるのではなく、「人々を幸福にする政治」を選択することです。

「人々は、国民は、それをクリエイト、つくり上げていく責任もあれば、義務もあるし、権利もあるのだ」ということを、はっきりと述べておきたいと思います。

5　日本は台湾《たいわん》と国交回復せよ

中国の顔色をうかがって、台湾との国交を断絶した日本は情けない

さて、そう言っている日本自体も、なかなか自分の意見をはっきりと言わず、十分ではなかった面があるでしょう。

一九七二年、田中角栄《たなかかくえい》総理のときに、日中国交回復といって、中華《ちゅうか》人民共和国との国交を回復すると同時に、台湾《たいわん》との国交を一方的に断絶しました。

これに関しては、私は、非常に恥《は》ずかしいことであると感じています。少なくとも、武士道の国であるならば、そんなことはしてはいけないことだと考えています。

中華人民共和国が大きな国になったので、そちらと、日本も国交を持つということはあっても構わないと思いますし、向こうが「国交を持ちたい」と言うのも構わないとは思うのです。

しかし、その中華人民共和国が言っている、「台湾も自分の国だ」というのは、彼らの意見であって日本の意見ではないわけですから、日本は、そちらと国交を持ってもよいけれども、一方的に台湾を見放すという考え方は間違《まちが》っている、と考えています。

先の第二次大戦において、多くの台湾の人々が、「日本人」という立場で戦争に参加し、亡《な》くなられました。日本の靖国《やすくに》神社にも、その英霊《えいれい》が祀《まつ》られています。

そういうことを考えるにつけても、「中国の顔色をうかがって、台湾との国交を断絶した日本の国家は情けない」と、私は思っているのです。

日本には日本の立場があります。ですから、日本として正しいと思う選択《せんたく》をすべきでした。それができなかったことが、今、台湾の未来を非常に不安定なものにしていると考えているのです。

日台米が力を合わせて、アジア太平洋圏《けん》の自由な世界を護《まも》る

私たちの力は十分ではありませんが、幸福の科学、あるいは幸福実現党は、今述べた趣旨《しゅし》で、活発に活動をしています。

幸福実現党のほうは、「日本と台湾の国交回復」を強く言っています。そして、台湾との国交回復から、さらにもっと踏《ふ》み込《こ》んで、「台湾との同盟関係の樹立も必要である」と言っているのです。

また、アメリカも含《ふく》め、日台米の三カ国が力を合わせて、アジア太平洋圏《けん》の自由な世界を護《まも》ることは、世界にとってもプラスであると考えていますし、そうした価値観が中国本土のほうにも波及《はきゅう》することを望んでいます。

中国本土も、国民が監視《かんし》カメラで観察され、ケータイやスマホ（スマートフォン）まで覗《のぞ》き見されているような、国家管理のなかにあります。

そういった、まるでジョージ・オーウェルの小説『1984年』で描《えが》かれている未来社会を、そのまま地《じ》で行《い》っているような国家になっていることに気づいていない人たちに対して、「それは本来のあるべき姿ではないのだ」ということを教えることが、神仏のやるべきことだと、私は信じますし、それを信じる人たちがやるべきことだと考えているのです。

でも、心配しないでください。

日本の人たちは、今度は台湾を見捨てません。

今、日本の国は変わりつつあります。日本国内の防衛だけでなく、台湾海峡《かいきょう》や、あるいは南シナ海、東シナ海、要するに、フィリピンやベトナムが、万一《まんいつ》、外国から侵略《しんりゃく》を受けるようになった場合には、アメリカと共に共同防衛する体制に切

●『1984年』　イギリスの作家ジョージ・オーウェル（1903～1950）の近未来小説。全体主義国家における監視社会の恐ろしさを描いている。1949年に刊行された。

り替《か》えつつあるのです。それは、比較《ひかく》的短い時間で切り替えることが可能になるでしょう。

北朝鮮《きたちょうせん》なども核《かく》武装したりはしていますけれども、日本はそうしないだけであって、今までも、核武装しようと思えばいつでもできました。二年あれば簡単にできるような技術はすでに持っており、ただ、しないだけなのです。

国交関係を悪くしたくはないですし、できるだけ、アジアを平和な方向に持っていきたいので、核武装をしないでいるだけなのですが、もし、金正恩《キムジョンウン》氏のような人が、アメリカの主張をも退《しりぞ》けて、自分たちの自由にするというようなことであれば、日本も考えなくてはいけないときが来るかもしれません。

少なくとも、私は、「台湾の未来に関して、日本は一定の責任を持つべきだ」と思っています。

今回、李登輝《りとうき》さんから頂いた手紙で、九十六歳《さい》の方がまだ未来を心配されているのを見て、「日本のほうはどうなのだ」ということを言わねばならないと思ったので、そういう考えについて述べました。

6　私の言葉は、「予言」ではなく「神の計画」

私が言っていることは、ただ今、実現していることではありません。

しかしながら、私が言っていることは、二、三年か、遅《おそ》くとも十年以内には、そのようになります。

未来の社会は、私の説く言葉の上に築かれます。

未来は、私の言葉の延長上に、必ず開けていきます。

これが今までの現実であり、これから起きるべき現実です。

「未来がどうなるか」という予言を聴《き》きたい人も多いでしょう。

しかし、それは予言ではありません。

「神の計画」です。

神がどう思っているかです。

どうしたいかです。

それを、私は伝えています。

その方向に、世界は動いていきます。

日本は、今後、台湾《たいわん》を見捨てることはなく、やるべきことをやるつもりです。

そのための力を蓄《たくわ》えつつあります。

みなさんも、勇気を持って、正しいと思うことは言い、主張して、「未来は自分たちの手でつくっていくのだ」ということを考えてほしいのです。

他の国の鼻息やその動向をうかがい、いろいろと言葉を選んで言わなければいけない時代がそう長く続くことは、好ましいことではないと、私は信じています。

自由主義圏《けん》に属するならば、言うべきことはきっちりと言うことです。

「人間がつくった法律、あるいは憲法の上に、神や仏の教えというものがあるのだ」ということを知ってほしいのです。

7　憎《にく》しみを捨て、愛を取れ

今後、台湾《たいわん》の人々が苦しみのなかに生きる未来は断固拒否《きょひ》する

戦後、日本も憲法を変えましたが、そのなかに忘れられていることがあります。アメリカやヨーロッパの国々は、「キリスト教的価値観」を背景に持ちながら、人間たちが法律をつくり、議会をつくり、物事を決め、政治をしているということ、つまり、「信仰《しんこう》」が裏にあって「民主主義」がありました。そのことを日本の政治家たちは忘れているし、マスコミにも忘れている人たちが数多くいます。

私は、今、その原点に戻《もど》したいと考えているのです。

今後、台湾《たいわん》の人々が苦しみのなかに生きるような未来は、断固、拒否《きょひ》します。

もし、どうしても困ることがあったら、どうぞ、幸福の科学に言ってきてください。私たちはできるだけのことをします。幸福の科学は、日本でいちばん言論力があり、世界に対しても言うべきことが言える団体です。

ウイグルで弾圧《だんあつ》される数百万人のイスラム教徒のために

先ほど、ウイグルの例も出しました。かわいそうなことです。ウイグルは「自治区」とは言いながらも、実際、今、そこの強制収容所には百二十万人ぐらいが入っており、さらに二百万人ぐらいが、外から通いながら、再教育、洗脳教育をされているようです。

そして、中国本土のなかから、日本にいるウイグル人活動家にも、「おまえのお兄さんが強制収容所にいるのを知っているのか」「おまえのお母さんが強制収容所にいるのを知っているのか」というような電話がかかってくるそうです。

しかし、これは明らかに「主権の侵害《しんがい》」です。日本国内では、いかなる外国人であろうとも、いかなる宗教を持つ人であろうとも、政治活動をしたり、さまざまな言論活動をしたり、出版活動をしたりするのは自由です。これらは、日本という国のなかであれば自由なはずであり、明らかな「主権侵害」が行われているということです。

こうしたことに対し、私たちは非常に立腹《りっぷく》しています。

日本にいるウイグルの人たちに対しても、「渋谷《しぶや》等にはイスラムの大きな教会があるのに、どうして、そちらのほうに『どうにかしてくれ』と頼《たの》まないのか」と訊《き》いたところ、「イスラム教の教会には、中国本土のスパイが大勢いるので、行けない」ということでした。驚《おどろ》きました。そういうことがあるそうです。

これまで、イスラム教の国で、このようなことに対する批判の声を上げた国はまったくなかったのですが、最近になって、やっと、トルコが「これはおかし

●トルコが……　中国政府が新疆《しんきょう》ウイグル自治区において100万人以上のウイグル族を恣意《しい》的に拘束して収容所（再教育施設）で拷問《ごうもん》や洗脳を行っていることに対し、2019年２月９日、トルコ政府は「人類の大きな恥だ」と非難して収容所の閉鎖を求める声明を発表した。

い」ということを言い始めました。

私たちのところにウイグルの指導者が来た理由も、「数年前から、安倍《あべ》首相にも『何とかしてくれ』と言っているけれども、まったく動いてくれない。だから、大川隆法さんに頼むしかないと思って来ました」ということでした。

そう言われると、私はせざるをえません。こちらとしては、イスラム教徒のための話をしなければいけないいわれはないかもしれませんが、あえて国連にも意見を述べましたし、ドイツでも意見を述べました。そして、今、台湾でも意見を述べています。

過去の憎《にく》しみを超《こ》えて、建設的な未来を築きたい

私は、「正しさとは何か」ということから物事を考えています。その下《もと》に、すべての人々は未来を築くべきだと考えているからです。

これが、日本から来て台湾の人々に伝えたかった、私のメッセージであり、習《しゅう》近平《きんぺい》氏にとっては絶対に言ってほしくなかった内容です。

言うべきことは伝えました。これから、あなたがたがどういう未来を選ぶかは、あなたがた自身の問題です。

日本はできるだけのことをします。それは信じてよいと思います。

未来をどうつくるかは、あなたがた一人ひとり、あるいは、あなたがたが力を合わせた結果、どうなるかということによるものでしょう。それについてまで拘《こう》束《そく》するつもりはありません。

ただ、あなたがたには「友人がいる」ということを忘れないでください。

そして、世界のなかで、外交関係、外交のある国がいちばん多いのは日本なのです。ですから、日本とつながることによって、世界ともつながれるわけです。

今の台湾の問題は、外交のある国が減ってきているということです。十一年前

●**外交のある国が……**　日本が国交を結び、外交を行っている国は 195 カ国。なお、日本と外交がないのは北朝鮮、台湾、パレスチナなど。

に私が台湾へ巡錫《じゅんしゃく》に来たときには、二十三カ国と外交があったのですが、それが今、〝サラミを削《けず》るように〟どんどん減らされていますⅰ（二〇一九年三月時点で十七カ国）。これは、最終的には、非常に厳しくなることを意味していると思います。

どうか、日台関係を、過去の憎《にく》しみやいろいろな感情にとらわれることなく、それを超《こ》えて、未来を建設的にするためのものに持っていってください。そのようにできれば幸いです。

付け加えておくならば、中華《ちゅうか》人民共和国の国内においても、あるいは北朝鮮《きたちょうせん》の国内においても、自由や国民の幸福を求めて活動している人々がいるので、彼らの声にも耳を傾《かたむ》けてほしいと思います。

講演は以上です。ありがとうございました（会場拍手《はくしゅ》）。

第2章

「人間の幸福」と「国家」について

――質疑応答――

二〇一九年三月三日

台湾《たいわん》・グランド ハイアット 台北《タイペイ》にて

1　「中国」と「台湾《たいわん》」のあるべき未来とは

Q1

（中国語を日本語に通訳）今、中国政府、北京《ペキン》政府は、各国にプレッシャーをかけ、あらゆる手段を使って、「台湾《たいわん》は中国の一部である」ということを認めさせようとしています。こうした行為《こうい》は、やればやるほど台湾人の反感を買ってしまいます。

翻《ひるがえ》って、中国の思想家である孔子《こうし》には一つの教えがあります。それは、「近き者説《よろこ》び、遠き者来る」といった教えで、「自国の国民を幸福にする政策を行えば、それを聞いて、他国の人々も引き寄せられてくる」という意味です。しかし、北京政府は、その教えを忘れているような感じがします。そこで、いつも台湾を中国の一部にしようとしている中国の指導者たちに対して、何かアドバイスはありますでしょうか。

また、台湾では、二〇二〇年に総統選がありますので、候補者たちに、何かアドバイスがありましたら、ぜひ教えていただきたいと思います。

「同一民族は、一つの国であるべき」とは言えない

大川隆法　北京政府が「台湾は中国の一部である」と主張する理由の一つとしては、「中国人と台湾人は同一民族だから、一つの国家であるべきだ」というように言っているのだと思います。
しかしながら、ヨーロッパにおいては、スウェーデン人とドイツ人は同じゲルマン民族です。そのように、同じ民族、同一民族ですが、「スウェーデンとドイ

ツが同じ国だ」と言う人は、世界中を見てもいないはずです。

したがって、「民族が同じだ」ということは、「国が一つでなければならない」という理由にはなりません。この一例を挙げても分かるように、理由にはならないのです。

「中華民国《ちゅうかみんこく》が中華人民共和国に国土を奪《うば》われた」のが正統な歴史

また、台湾が独立できたのは、先の大戦において日本が敗れたからです。特に、アメリカに対して日本が敗れたために、結果的に、台湾は独立できたわけです。

そして、そのときの状況《じょうきょう》としては、蔣介石《しょうかいせき》の「中華民国《ちゅうかみんこく》」が連合国側として認められて、国連の常任理事国にもなっていたはずです。したがって、もう一つ言えることは、「日本が負けることによって独立が認められたのは、中華民国であって、中華人民共和国ではない」ということです。

それは、「その四年後（一九四九年）に、内戦で勝った毛沢東《もうたくとう》が、蔣介石を台湾に追いやることによって、国が二つに割れた」ということであって、歴史的に見れば、「中華民国が中華人民共和国によって国土を奪《うば》われた」というのが正統な歴史です。これが歴史観としては正統で、これ以外の考え方はありえません。

要するに、中華民国は国土を取られたのです。ですから、中華人民共和国が「自分たちのものを返せ」と言えるようなものではありません。彼らのものなどなかったのです。

中華民国が、中国共産党に国の大部分を取られて、台湾で我慢《がまん》しているのです。その我慢している最後の拠《よ》りどころをも、彼らは「返せ」と言っているわけです。これは、本当に「欲」がかさんでいると思います。

香港《ホンコン》の「一国二制度」という北京《ペキン》政府の嘘《うそ》を指摘《してき》せよ

ただし、もし、中華人民共和国がよい国であって、あなたがたが彼らのなかに加わることによって、もっと幸福になるのなら、私は反対しません。そういう考え方もあるでしょう。歴史は流動的ですから、彼らと一緒《いっしょ》になったほうが、もっと大きくて偉大《いだい》な中国になって幸福になるのなら、そちらのほうに私も賛成します。

しかし、彼らの〝大中華帝国《ていこく》〟というものは、先ほど述べたように、一種の全体主義です（本書第1章参照）。

したがって、彼らのなかに加わるということは、あなたがたが、今まで台湾で努力し、何十年とかかって、頑張《がんば》ってつくり上げてきた「民主主義」、「自由なシステム」、「信仰《しんこう》のある国家」という、人間にとっていちばん大事な基本的人権に支えられた制度を、根本《こんぽん》から覆《くつがえ》すことになります。

もちろん、「一国二制度」といって、「同じ国だけれども別の制度がありえる」という言い方もあるでしょう。しかし、この約束は、香港《ホンコン》において破られました。

北京《ペキン》政府は、香港について、「返還《へんかん》後、五十年間は（イギリス領から引き継《つ》いだ制度を維持《いじ》する）一国二制度で、今までどおりの自由と繁栄《はんえい》を保障する」と言っていました。

ところが、十年もたたないうちに、香港の自由はどんどん崩《くず》れ、香港にいる人に訊《き》けば、「貧しくなってきた」と、はっきり言っています。やはり、これは、考え方に違《ちが》いがあって、「本心は違う」と言うべきだと思います。

もし、台湾に対して、そういうことを言ってくるのであれば、「では、香港の一国二制度を、きちんと実現してみせなさい」ということです。それができるのであれば、五十年間は台湾は安全でしょうから、そうしたことを言ってくることは可能だと思います。

しかし、今、香港の一国二制度は守られていないではないですか。これは、おかしいのです。したがって、「北京政府は、国際的にも嘘《うそ》を言っている」ということが言えると思います。

彼らに対しては、このあたりのところを、しっかりと言ってください。

中華《ちゅうか》人民共和国の「軍事力」が恐《おそ》れるほどのものではない理由

また、中華《ちゅうか》人民共和国は、人口も多いし、経済の額も多いし、軍事力がすごいので、「怖《こわ》い」と思っているかもしれませんが、現時点では、実は怖がるほどではありません。

アメリカは、トランプ大統領が就任して以降、考え方がかなり変わってきています。去年（二〇一八年）の秋以降、グアム島に、アメリカの戦略爆撃機《ばくげきき》が十数機配置されています。これは、高度一万五千メートルを飛んで、そこから爆撃できる戦略爆撃機です。

この戦略爆撃機に対して、中華人民共和国のほうは、ロシア製の対空ミサイルを持っています。しかし、その対空ミサイルは、高度一万メートルに届かないのです。

ということは、アメリカのほうは、まったく攻撃《こうげき》されることなく、相手を攻撃できる態勢ができているということです。そして、その攻撃の目標は、すべて北京に集中しています。アメリカは、去年の秋以降、ミサイルも爆撃機も、すべて「北京攻撃」で、そのシステムを組んでいるのです。

ですから、現時点では、アメリカが本気になったら、もう、北京政府のほうはどうすることもできない状態になっています。したがって、北朝鮮《きたちょうせん》などは、全然、問題外なのです。これは、ほんの〝遊びのレベル〟であって、アメリカが本気になれば、そうした「北京攻撃」のようになるわけです。

一方、中華人民共和国のほうは、海軍からではなく、国内の陸上から、アメリカの第七艦隊《かんたい》の空母を沈《しず》めるためのミサイルをつくっています。

しかし、この中国本土内の中距離《ちゅうきょり》ミサイルサイトを叩《たた》けるミサイルを、今、日本はつくっています。要は、米空母を攻撃させないための抑止力《よくしりょく》を、今、日本国内でつくっているところなのです。その意味では、あまり、軍事的なことを心配する必要はありません。

いちばん大事なのは、みなさんの心が動揺《どうよう》しないことです。

中華《ちゅうか》人民共和国は、本格的な「議会制の国」に変わるべき

私の願いは、できれば、香港の人たちの意見も入れて、台湾や香港の考え方を中心とするような政党を中国大陸のなかで立て、中華《ちゅうか》人民共和国を、少なくとも

二大政党制の国にすることです。

「中国共産党」ともう一つ、例えば、「自由中国党」でもよいですが、そういった政党を立てて、お互《たが》いに政策争いをするような、本格的な「議会制の国」に変わってもらいたいのです。

みなさんには、それだけのことを言う権利はありますし、「私たちを幸福にするのでなければ、一つになる必要はない」と言って構わないと思います。

2 人々が幸福に暮らせる国家とは

Q2

（中国語を日本語に通訳）十一年前●の台湾《たいわん》での御説法《ごせっぽう》で、「統一国家をつくることが、必ずしも、正義であり、善であり、最高のことであるとは言えません。それよりも、その国に住んでいる人が、本当に幸福に暮らせることが大事なのです」と教えていただきましたが、先生がおっしゃった「幸福」の定義についてお教えいただけないでしょうか。

●十一年前の……　本書 P14 参照。

民主主義では、人間は「手段」ではなく「目的」である

大川隆法　人を幸福にする方法をめぐって、いろいろな思想家や政治家が出て活動してきたわけですが、「人間は、どうすれば幸福になれるのか」ということについて、先ほど述べた話の続きをするとすれば、民主主義制度においては、「各人一人ひとりの人間は、手段ではなく、目的である」と考えられています。

要するに、「その人自身が幸福になることが、政治や経済、その他の文化活動の目的である。人間は、国家に奉仕《ほうし》させるための手段ではない」という考えが、民主主義制度なのです。

これに反して、全体主義制度は、国家の体面、面子《メンツ》、名誉《めいよ》、威信《いしん》などのために、人々を犠牲《ぎせい》にすることを平気でやります。こういう国家は歴史的にはたくさんあり、封建《ほうけん》主義や君主制で〝悪い王様〟が出てきたときには、そういう時代がけっ

こう続いています。

例えば、タイという国があります。私は、今年（二〇一九年）の一月にタイへ講演をしに行きたかったのですが、断念しました。タイ行きを断念したのは、これで三回目になります。

タイは国王制であり、共産主義を嫌《きら》っていて、批判もしていますが、私はタイになかなか入れません。なぜかというと、タイの国王が、ある意味での〝神〟になっていて、「〝神〟に対する不敬罪は許さない」という制度になっているからです。

もちろん、タイ国内でタイの制度や国王について批判することはいけませんが、国外で批判しても駄目《だめ》なのです。タイの国外でそれらを批判したら、その人はタイに入国した段階で、逮捕《たいほ》されるようになっているのです。共産主義を批判している国においても、こうした国王制度の国があるのです。

政党や議会はあるけれども、国王が軍隊を握《にぎ》っていて、国王の承認によって軍隊が動くような状態であれば、政治のほうは、いくら物事を決めても軍隊には勝てないため、民主主義のかたちだけをつくっても、どうしても民主主義にはならないわけです。

ですから、共産主義に反対する反共のところでも、残念ながら、独裁制に近い国は現在でもあります。

共産主義が実現できたのは「貧しさの平等」だけ

こういうところを見ると、全体的に、「国民に主権がある」という主権在民の考え方は、非常に革命的な思想であると言えますし、本来的に言えば、「理想的な共産主義」と合うはずです。分かりにくいですが、考え方としては、そうであるはずなのです。

なぜなら、「万国《ばんこく》のプロレタリアート（労働者階級）よ、団結せよ。そして、自分たちを搾取《さくしゅ》する資本家を倒《たお》せ。労働者たちが、自分たちで政治をして、自分たちのための国、新しいユートピアをつくろうではないか」というのが、共産主義のもともとの考えだからです。

ところが、実際にやってみたら、そうはなりませんでした。共産主義で実現できたのは、「貧しさの平等」だけです。みんなを貧しくすることはできたけれども、「豊かさの平等」はつくれなかったのです。

豊かさをつくるにはどうすべきかというと、「自分の知恵《ちえ》を巡《めぐ》らし、努力し、汗《あせ》を流し、一生懸命《いっしょうけんめい》やることによって人よりもよい仕事をして、豊かになる人々が出てくる」ということを認めることです。そうでなければ、豊かさは出てこないのです。

しかし、共産主義は、人よりもよく働いて、大きなお金を儲《もう》けたり、会社をつくったりしたような人に対して、「嫉妬《しっと》の原理」として働きます。「頑張《がんば》って大きくした会社、あるいは、頑張ってつくった財産は不正なものだから、全部みんなにばら撒《ま》くべきだ」という考え方を、共産主義はするのです。

共産主義は、その出発点において、本当はよいところもあるのですが、問題点は、「嫉妬心を合理化する考え方がはっきりとある」ということです。

そして、嫉妬心が、努力して成功する人たちの足を引っ張るような制度の下《もと》では、国の豊かさは実現できないですし、人々は「貧しさの平等」を享受《きょうじゅ》するしかありえないのです。

中国が未来を拓《ひら》くためには、「日本化」する以外に道はない

共産主義国においては、みなが平等であるはずですが、中華《ちゅうか》人民共和国においては、共産党員が九千万人ぐらいいます。人口の六パーセントぐらいの人たちが、

かつての日本の武士階級のようにいて、この下に、商業でお金を儲けたような人たちがいて、これらの人たちは、共産党幹部に誘《さそ》われていくようになっています。その下に工場労働者がいて、さらに下に農民がいて、農民の下にまた、食べていけないような人たちがいるのです。

中国大陸では、実際は貧富の差が非常に拡大しています。日本よりも、はるかに貧富の差は大きいのです。

一方、「豊かさの平等」を世界で最初に実現したのは、実は日本です。日本は共産主義ではありませんが、ある意味において、豊かさの平等を実現したのです。

中国は、かつて「大躍進《だいやくしん》政策」と「文化大革命」の両方とも失敗して数千万人が亡《な》くなり、毛沢東《もうたくとう》のあと、鄧小平《とうしょうへい》が改革開放経済をつくり、「経済のところだけは自由にする。白い猫《ねこ》でも黒い猫でも、ネズミを捕《と》る猫がよい猫だ。稼《かせ》げる人から稼げ」ということをやって、ソ連邦《れんぽう》のように崩壊《ほうかい》することを止めました。これは、新しいやり方だったと思います。

しかし、それも、もう行き詰《づ》まりが来ています。かつて日本が経験した「バブル経済の崩壊」が、中国でもうすでに始まっているのです。

国家主導型の計画経済は、必ず失敗することになっています。なぜなら、中央部にいて計画をつくっている官僚《かんりょう》には、「それを国の隅々《すみずみ》までやったら、どうなるか」ということが絶対に分からないからです。

そして、地方は、中央がつくった計画どおりの数字を必ず報告してくるようになります。それで、外向けには達成したことになっているわけですが、実際は、そうなっていないわけです。しかし、中央にいる人には、これが分かりません。

日本は、すでに、これと似たような経験をしていますし、「バブル崩壊」という痛い経験もしているのです。

それから、日本では、共産主義は取られていませんが、社会福祉《ふくし》の制度のなかに、「富の再分配」という考え方が入っていて、「貧しい人たちに一定のレベルまでの生活を保障する」ということを決めています。

そのため、富の再分配がなされていて、基本的に、社長でも、新入社員の給料の十倍ぐらいしか取れない社会になっています。優《すぐ》れた経営者で、もっと報酬《ほうしゅう》があってよいと思われる人もいることはいるのですが。

中国本土の一部の特権階級、政治家たちは、何百億円、何千億円という資産を持っていますが、こういうことは、日本では、まずありえません。日本は共産主義ではありませんけれども、実は、その理想の一部を実現し終えているのです。

したがって、中国本土が、もし、これから未来を拓《ひら》こうとするならば、おそらく「日本化」する以外に道はないでしょう。そこに気づくかどうかです。

そして、彼らはまもなく、「軍事拡張で、他の国に圧力をかけていく路線では、自由貿易による幸福は開けてこない」ということに気がつくことになるだろうと思います。

日本が中国に「金融戦争《きんゆうせんそう》」を仕掛《しか》ける可能性

また、今後、日本からは、中国・北京《ペキン》政府に対し、「金融戦争《きんゆうせんそう》」というものを仕掛《しか》けることになるでしょう。これは、私のほうからすでに意見としては出しているので、やがて日本の国はそういうことをすると思います。

これから、「金融の力を用いて、どちらがより資本主義的に勝てるシステムをつくれるか」という競争が始まります。

残念ながら、北京政府は資本の論理を理解していないので、私は日本が勝つと思います。それは、何年かすれば分かるようになるでしょう。

こうした「未来の設計図」は、すでに幸福の科学において描《か》かれています。未来はそちらのほうに転んでいくと理解しているのです。

●金融戦争　2019年2月17日収録の「日銀　黒田東彦《くろだはるひこ》総裁守護霊霊言」のなかで、黒田総裁守護霊は、日本は中国に金融戦争を仕掛ける可能性があることを示唆《しさ》した。

「今年よりも来年はよくなる」と実感できる社会を

結局、みなさん一人ひとりが、「今年は去年よりもよくなったね」「今年よりも来年はよくなるね」と実感できるような社会をつくること、それが「幸福」ということなのです。

そうではなく、北朝鮮《きたちょうせん》のように、「国家の指導者一人だけが幸福である」とか、あるいは、中国共産党のように、「一部のエリートだけがお金を儲け、権力を持ち、反対する人たちを強制収容所に入れ、粛清《しゅくせい》することができる」というような国は、みなさんにとっては、おそらく幸福ではないだろうと思います。

やはり、「一人ひとりを大事にする考え方」を重要視することが大事です。

李登輝《りとうき》さんも、中国に「民主」「自由」と「公平さ」がなければ、一国二制度などと言っても信用できないとし、「北京政府に吸収されることは考えられない」

というようなことを言っていたと思います。

この「公平さ」とは何でしょうか。資本主義の原理のなかには、知恵や本人の努力によって成しえたものがあるので、これを一定のレベルで認めなければならないということです。

「結果平等」だけを言うと、いくら働いても、みな同じになるので、働く人はいなくなるでしょう。そういう社会になってしまうわけです。やはり、ここのところを乗り越《こ》えなければならないと思います。

すでに、大事な原理は世界中で知られています。「どのようにして、それを選び取って学ぶか」ということだけなのです。

今、台湾には、いろいろな国に留学している人が多いと思います。ただ、語学であればほかの国に行って学べても、大事な未来のための考え方や思想というものは学べません。

今、幸福の科学の教え、幸福の科学の書籍《しょせき》群のなかにおいてのみ、それを学ぶことができます。

それは、世界に知られつつある事態です。

二千五百書以上の本を出しました。

二千九百回以上の説法をしました。

世界で数億人の人が、私の本を読んでいます。

世界は今、この方向に動いていこうとしています。

ゆっくりとではありますけれども、必ず、私の述べている方向に動きます。

二十二世紀には、私の述べていることが常識になるだろうと思います。

ありがとうございました。

再見《ツァイツェン》（会場拍手《はくしゅ》）。

第3章

「自由・民主・信仰《しんこう》」が世界を救う

――『毛沢東《もうたくとう》の霊言《れいげん》』講義――

二〇一九年二月十一日　説法《せっぽう》

愛知県・幸福の科学　名古屋正心館《なごやしょうしんかん》にて

1　世界の命運を分ける『毛沢東《もうたくとう》の霊言《れいげん》』

毛沢東の真なる評価について、宗教の立場から述べたい

本日（二〇一九年二月十一日）は建国記念の日ですけれども、名古屋《なごや》正心館《しょうしんかん》から全国のみなさまに説法《せっぽう》できますことを、とてもうれしく思っております。今回は、新刊である『毛沢東《もうたくとう》の霊言《れいげん》』（前掲《ぜんけい》）の講義をしようと思います。

今年（二〇一九年）は、『青銅の法』（幸福の科学出版刊）がメインではありますが、前半は、この『毛沢東の霊言』に少し力を入れようかと思っています。こ

『毛沢東の霊言』（前掲）

の一冊が、世界の命運を分けるか、少なくともアジアの命運を分けることになる可能性があるので、この趣旨《しゅし》を理解していただいて、できるだけ多くの方々に知っていただきたいと思っています。

私は、特定の国に対する敵意とか、憎《にく》しみとか、特定の人に対する好き嫌《きら》いとか、そういうものがあるわけではありません。ただ、ものの見方・考え方のなかには、「人間を幸福にするもの」と「不幸にするもの」とがあります。これについては、見誤ってはならないですし、見逃《みのが》してはならないものがあると思います。

そういう趣旨《しゅし》ですので、決して、中国文化圏《けん》に所属する方々に対して、失礼なことや暴言、見下《みくだ》したことなどを言うつもりはまったくありません。ただ、考え方として、「人間として何を取るべきか、何を選ぶべきか」、こういうことを述べたくて、このテーマを取り上げています。

毛沢東は、一九四九年に革命を成就《じょうじゅ》して中華《ちゅうか》人民共和国を建ててから、もう七十年になるわけですから、中国国内ではもちろん一定の評価はあるでしょうし、日本のなかにおいても、左翼《さよく》的言論人やマスコミなどからは、長く支持されていたこともあろうかと思います。

一方、近年において、かつて知られていなかった、さまざまな〝暗黒部分〟も明らかにされてきつつあることも事実ですし、現在ただいまも、いろいろなことが明らかになりつつあります。

このあたりについて、仏法真理《ぶっぽうしんり》の観点から、私は、主として宗教的に言うべきことを言おうかと思っています。

自分が死んだことも分からず、「無意識界」にいるマルクス

では、「どういうことを考えるべきか」ということですが、そのもとになるのが、二〇一〇年に出ている『マルクス・毛沢東のスピリチュアル・メッセージ』

（幸福の科学出版刊）という本です。

毛沢東は、マルクス主義をいちおう国是《こくぜ》として掲《かか》げ、それに基《もと》づいて毛沢東革命を行《おこな》ったことになっていますが、このマルクスと毛沢東の二人を、すでに二〇一〇年に霊的に調べています。

マルクスに関しては、死後百年以上になりますが、幸福の科学の本を勉強されている方は、読めばお分かりになるとおり、私たちが説いているところの、地獄《じごく》の「無意識界」というところにいることは明らかです。

マルクスの霊は自分が死んだことも分からず、自分が魂《たましい》であることも分からず、「人は死んだら、生きているはずがない」ということで、まったく意識のない状態というか、もっと分かりやすく言えば、病院の個室のようなところに一人で籠《こ》もっているような感じに、自分でも理解しているようです。そして、他の霊《れい》

『マルクス・毛沢東のスピリチュアル・メッセージ』（幸福の科学出版刊）

人《じん》とのコンタクトもままならないような状態です。それは、彼の生前の思想がそうであったため、そのようなところに現在いるということです。

マルクスはドイツ出身のユダヤ人ですが、マルクスを記念する像を、現在の中華人民共和国からメルケル首相のドイツに寄贈《きぞう》されて、それが建ったりしている状況《じょうきょう》ではあります。

そういう意味では、百年以上たっても、その真贋《しんがん》がなかなか明らかにはならないところがあります。

『共産党宣言』の向こうを張った『幸福実現党宣言』

ただ、気持ち的には分かるところもあります。私の若いころには、マルクスはまだまだ十分に人気はありましたし、一九六〇年の第一次安保闘争《あんぽとうそう》、一九七〇年の第二次安保闘争等でも、やはり、マルクス主義に近い考え方を持っている言論が強かったのです。学生たちも、本当は読んではいないのですが、マルクスの言論に基づくような考え方をし、「朝日ジャーナル」あたりに載《の》っているものを〝バイブル〟にして、その週刊誌を持ってデモをしているような状態でした。

彼らは、マルクスの思想の中身については、それほど詳《くわ》しくは知らないけれども、「とにかく偉《えら》いんだ」という感じでした。

マルクスは、経済学者なのかどうかも分からないのですが、やや教祖的な扱《あつか》いを受けていたのではないかと思いますし、広がり方自体は、宗教的な広がり方を見せていたように思います。

マルクスは大著を書いているので、核心《かくしん》をつかむのはなかなか難しいことではあるのですが、『資本論』よりも前に、一八四八年に『共産党宣言』という本を書いており、そのなかに基本的な考え方はすでに出ています。私の著書『幸福実現党宣言』（幸福の科学出版刊）は、その向こうを張って書いたものです。

『マルクス・毛沢東のスピリチュアル・メッセージ』（前掲）のときに問題点はもうはっきり出ていて、マルクス自身も、死後に自分の思想の影響《えいきょう》がそんなに強く出るとは思ってもいなかったようで、その後のロシア革命や中国革命については、まったく知らない状態ではありました。

毛沢東《もうたくとう》の正体が明らかになった『毛沢東の霊言《れいげん》』

マルクスと同じ時期に霊言《れいげん》を録《と》った毛沢東《もうたくとう》のほうは、その後、自分たちの国がやってきたことについては認識している状態ではありました。

私も、一九八六年に『太陽の法』や『黄金の法』、『永遠の法』（いずれも幸福の科学出版刊）を書いたときには、まだ毛沢東の死後十年ぐらいであったため、日本の言論界、マスコミ等の論調は左のほうに寄っていて、マルクスの影響を受けた人はまだそうとう健在でした。

それに対して、保守寄りの言論人というのは本当に少なく、五人もいないぐらいだったと思います。

そのようななかで、私は毛沢東に対して一定の疑問を持ってはいたのですが、まだその影響は強くて、「中華人民共和国を建国したのだから、毛沢東にはよいところもあったのだろう。五次元（善人界）ぐらいに還《かえ》ったのかな」と、この時点では思っていたのです。

しかし、その後、三十数年たって、いろいろと起きてくる事件、事案等を見てみると、「これは、もう一度点検する必要があるのではないか」と思って、再度、収録したのが、新刊の『毛沢東の霊言』なのです。

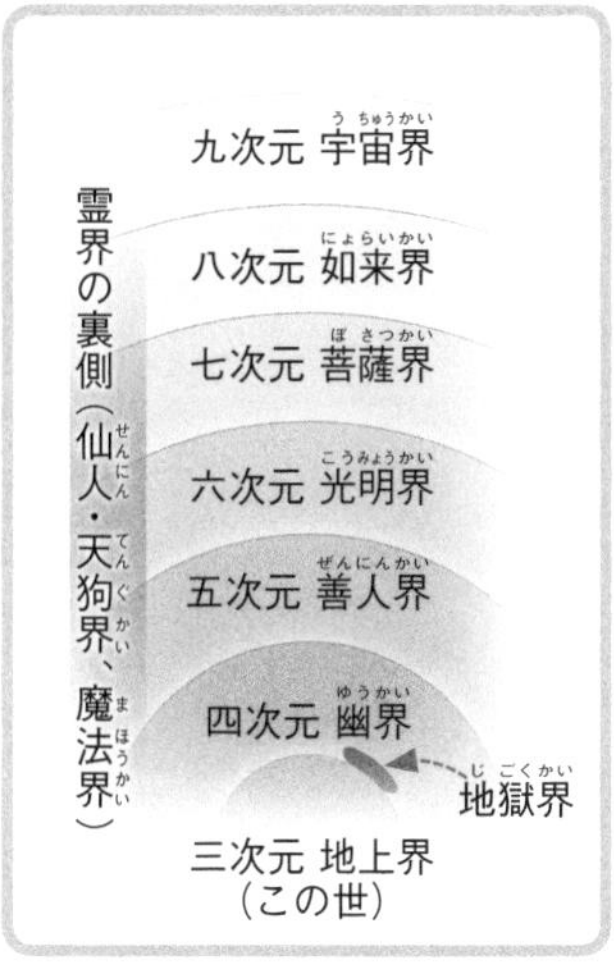

●五次元……　あの世（霊界）では、各人の信仰心や悟りの高さに応じて住む世界が分かれている。地球霊界は四次元幽界《ゆうかい》から九次元宇宙界まであり、地獄界は四次元のごく一部に存在している。五次元の世界は、精神性に目覚め、悪を捨て、善を選び取った人々の世界。『永遠の法』（幸福の科学出版刊）等参照。

この霊言の最初のほうでは、毛沢東の霊は、言葉で十分に相手ができると思って余裕《よゆう》でやっていたようですが、後半だんだんに正体が明らかになってきました。

そして、本の原稿《げんこう》ができて、「まえがき」「あとがき」を私が書いたあとぐらいには、（『毛沢東の霊言』の）第2章の追加霊言に書いてあるように、「出すな！」というようなことを、そうとう強圧的に言ってきたのです。

さらに、私は名古屋には昨日《さくじつ》に来て、ホテルに泊《と》まっていたのですが、今日の午前中にも毛沢東の霊がやって来て、「名古屋正心館で（「『毛沢東の霊言』講義」を）やるな！」と言って、頑張《がんば》っていました。

ちなみに、その霊言も録ってあります。まだ公開していませんが（説法当時）、今朝《けさ》、録りたてのものもあるのです。

なお、そのときは家内（大川紫央《しお》総裁補佐《ほさ》）が話し相手をしていましたが、もう、うるさいので、最後は宇宙人の光を入れるようなこともやりました。「ヤイ

●その霊言も……　2019年2月11日収録「毛沢東／ヤイドロンの霊言」参照。

ドロンさん、毛沢東をどうにかしてください」と言って祈願《きがん》したら、電撃一閃《でんげきいっせん》、ビリビリッと来て、毛沢東は去っていきました。

ただ、ヤイドロンさんは、「（毛沢東の）頭に〝アンテナ〟がないために、電流が流しにくい。もう少し、毛が立っていると降ろしやすいんだけどなあ」というようなことを言っていました。

実は、このような戦いが、裏宇宙ではありませんが、裏側では起きています。

●ヤイドロン　幸福の科学のUFOリーディングにより発見された宇宙人。ゼータ星の姉妹星である「エルダー星」のレプタリアン系の種族。現在、地上に下生《げしょう》しているエル・カンターレの外護《げご》的役割をしている。『「UFOリーディング」写真集』（幸福の科学出版刊）等参照。

2 「マルクス主義の間違《まちが》い」を明らかにする

反対意見の前に、「前提」として述べておきたいこと

学問的に言いすぎると分かりにくいことも多いと思いますので、もう少し簡単に、「なぜ、私たちは共産主義等に反対しているのか」ということをお話しします。

なお、私は決して、「特定の人を毛嫌《けぎら》いして」とか、「特定の集団を毛嫌いして」とか、「○○委員長の顔が気に食わない」とか、そのような意味で、「よくない」と思っているわけではありません。

共産主義の考え方については、私も若いころに勉強しています。それは、『毛《もう》

沢東《たくとう》の霊言《れいげん》』のなかにも書いていますが、私は毛沢東の著書も伝記も読んでいますし、ソ連の共産党史まで読んでいます。それぐらいの政治学徒ですので、決して偏見《へんけん》で言っているわけではなく、きちんと勉強はしています。その上で言っているのです。

私は一九八〇年代の後半ぐらいから、この考え方は少し怪《あや》しいのではないかと思っていました。

当時は、「ソ連を中心とする共産圏《けん》」と「アメリカやヨーロッパを中心とする西側陣営《じんえい》の自由主義圏」とが対立しており、東大の政治学の先生も、「どちらが正しくて、どちらが間違《まちが》っているか」ということなど言えない状態だったのです。そのため、「とりあえず、現状維持《いじ》がよかろう」ということで、「バランス・オブ・パワー（勢力均衡《きんこう》）が取れて、それが続けば平和の状態が続くので、そうしたバランス・オブ・パワーが大事だ」ということを言っていました。いわゆる〝棚上《たなあ》げ〟であり、「どちらが正しい」とは言えない状態でした。私自身も、若いころに、左翼《さよく》系の文献《ぶんけん》は読んでいました。私は法学部の学生でしたが、経済学についても、「近代経済学」と「マルクス経済学」の両方の授業を聴《き》いていたので、『資本論』も読んでいるのです。

したがって、まったく何も知らずに言っているわけではありません。逆に、共産党員であっても、『資本論』など、ほとんど読んでいないはずです。

以上を前提にお話しします。

「貧富の差をどうにかしたい」という正義感はよかった

では、「何を間違えたのか」ということを考えてみたいと思います。

マルクスの気持ちのなかにも、宗教的なものはあったとは思うのです。十九世紀のヨーロッパにおいては、貧困層と、そうでない資本家層との間に、かなり分《ぶん》離《り》ができていたので、マルクスも、「これは、どうにかしなくてはいけない」と思っていたはずです。

いわゆる炭鉱労働者のような人たちは、子供も含《ふく》めて、一日十二時間働かされたりしていましたし、女性も働かされたりしていました。また、農村部も貧しいところが多かったですし、ものすごく貧富の差があったのです。にもかかわらず、王族等の生まれでもって、優雅《ゆうが》な暮らしをしている人もいました。

また、マルクスはイギリスにもいたことがあったので、イギリスの大地主《おおじぬし》を見て、「彼らはお城に住んで、自分たちは働かずに、キツネ狩《が》りなどをしながら、小作人たちに農業をやらせて、その上前《うわまえ》を撥《は》ねるだけで生活している」と考えていたと思います。

そのため、マルクスには、「こんなことが許されるのか」という正義感があったのは事実だろうし、その時代から見れば、誰《だれ》かが問題提起をする必要はあったのかと思います。それについてはよろしいでしょう。

ただ、それを政党にして組織化し、世界的に広げようとする段階になると、いろいろな問題が出てきたわけですが、おそらく、マルクスも、そこまでは考えていなかったのだろうと思うのです。

いちばんの問題は「暴力革命」を肯定《こうてい》していること

マルクスの考え方のいちばんの問題は、「共産主義革命という目的があれば、その手段は暴力的なもので構わない」というように、「暴力革命」を明確に肯定《こうてい》していることです。

これが、その後、共産主義国の指導者が多くの人を粛清《しゅくせい》し、殺していく原因になっています。例えば、旧ソ連においても、「最低でも二千万人は殺されている」と言われています。もっと行《い》っているかもしれません。

●**大躍進政策**　本書 P37 参照。

私は『毛沢東の霊言』のなかで、毛沢東の「大躍進政策《だいやくしんせいさく》」と「文化大革命」などで中国共産党に殺された人は、四、五千万人ぐらいはいるだろうと言っています。

また、『共産主義黒書《こくしょ》』（ステファヌ・クルトワ等共著、ちくま学芸文庫）という、共産主義の国についての詳《くわ》しいデータを書いてある本もあるのですが、それを読むと、中国で殺された人の数は「六千五百万人」と書いてあります。これは、そうとうな数です。

先の第二次大戦で亡《な》くなった日本人が三百万人前後、アメリカ人が三十万人前後です。それから考えれば、「六千五百万人」というのはものすごい数です。原《げん》爆《ばく》を落とすとしたら、六百五十個ぐらい要《い》るのでしょうか。詳しくは知りませんが、簡単に殺せる数ではありません。

ちなみに、同じようなことは、ソ連圏だった東欧《とうおう》の共産圏の衛星国でも起きて

●文化大革命　本書P37参照。

います。あるいは、それが移っていったアジアの、例えば、カンボジアのようなところでも、ポル・ポトという人は二百万人ぐらい殺しています。人口から見れば、二、三割は死んでいるでしょう。

「成功者や知識人を殺せば平等になる」という考え方は地獄《じごく》的

では、殺された人はどのような人たちだったのでしょうか。

先ほど述べたように、共産主義というのは、「一部の裕福《ゆうふく》な階級が搾取《さくしゅ》階級になって、お金を取っているために、あとの人は貧しいのだ。だから、そうした上の階級を取っ払《ぱら》い、そのお金を奪《うば》ってばら撒《ま》いてしまえば、みんな平等に豊かになれるのだ」というような考え方だったわけです。

しかし、そういう考え方でいくと、基本的に、成功しているような人たちというのは「例外」になり、「平等の妨《さまた》げ」になってくるので、殺されていくことに

●ポル・ポト（1925？～1998）　カンボジア元首相。カンプチア共産党の創立に加わり、63年には書記長に就任。その後、反政府武装組織（ポル・ポト派）をつくり、首都を制圧。76年、首相に就任し、ポル・ポト政権による民衆の大量虐殺が行われた。79年、首相を解任。97年、人民裁判で終身刑を宣告された。

なります。

したがって、大資本家は、当然、殺されます。財産家も殺されます。また、それ以外にも、外国帰りの人、外国で勉強してきたような知識人は嫌《いや》がられます。国内においても、大卒や、それ以上の大学院卒といった高学歴の人たちも、うるさくて言うことをきかないので殺されるでしょう。そのように、知識人や財産家たちが、まず殺され始めるわけです。

ところが、そうした人たちのなかには、知恵《ちえ》がそうとうあります。世の中を発展させていくリーダーになるための知恵を持っている人が、そうとういるわけです。

その意味では、「そういう人たちを殺せば、平等な社会が来る」という考え方あたりから、地獄《じごく》はもう始まっているのです。やはり、ここに、共産主義の問題点があるわけです。

共産主義革命で出来上がるのは「日本の江戸《えど》時代のような社会」

結局、マルクス主義によって実際に起きたことは、「貧しさの平等」だったのです。

マルクス自身は、共産主義革命について、「貧富の差が開《ひら》く都市部で起こる」と思っていたのですが、それが実際に起きたのは農村部ばかりでした。ソ連や中国といった農村国家で起きたのです。

「万国《ばんこく》のプロレタリアート（労働者階級）よ、団結せよ」で、「プロレタリアートが支配する国にするんだ」と言っていますが、現実には、「全員で国家経営をする」など無理な話でしょう。当然ながら、そのなかからエリートが出てくるので、よく言って、文鎮《ぶんちん》型組織、「頭があって、あとはフラット」という組織ができるわけです。

これについて考え直してみると、「日本の江戸《えど》時代」などもそのようになっていています。武士階級が一割以内で、あとはほとんどが農民であり、農民たちは貧しさのなかの平等で生きていました。

ですから、「封建制《ほうけん》を打破する」とか、「君主制を打破する」とか言っているけれども、出来上がってくる社会は、意外に、「貧しい農民たちだけの平等社会」なのです。これは、江戸時代にもあったことなので、（共産主義革命は）明治維新的なものとは違っていたのではないかと思います。

それから、中国では、「『毛沢東語録』だけ読めばよい」ということで、ほかの知識人の本なども捨てさせたり、焼いたりするようなことも多くあ

『毛沢東語録』を手に、天安門《てんあんもん》広場に集まった紅衛兵《こうえいへい》や学生たち。

りました。

「由《よ》らしむべし、知らしむべからず」という少し難しい言葉があるのですが、要するに、「人々にいろいろなことを知らせるのではなくて、ただただ頼《たよ》りにさせて、寄りかからせる」という、昔ながらの〝大名《だいみょう》の支配の仕方〟に似たものに、結局はなっていったのではないかと思います。

共産主義の理想は「能力に応じて働いて、必要に応じて取る」

もう少し分かりやすく言うと、国家社会主義的なもの、あるいは最終ユートピアとしての共産主義というのは、どのようなことを言っているのでしょうか。

要するに、「共産主義の理想」とは、「能力に応じて働いて、必要に応じて取る」「各人が、自分の持っている能力に応じて働いたらそれでよいのだ。そして、欲《ほ》しいだけ取ってよい。自分が必要な分だけ取ってよいのだ」ということです。

それだけを聞けば、すごくよいことのように聞こえるでしょう。

これは、例えば、小学校の教育で言うと、各人は、その能力に応じて算数のテストなどを受けたらよいわけです。しかし、点数は必要に応じて取れるので、みんなが「百点をもらいたい」と言えば、「みんなに百点が来る」ということになります。「能力に応じて勉強して、結果は関係なく百点が返ってくる社会」ということです。

そうなると、確かに、子供たちは喜ぶかもしれませんが、そのあとには「地獄」がやってきます。「能力に応じて努力した結果が評価されず、みんな誰でも同じになる」という、この平等思想は、考えだけならよいように見えるけれども、結果は、本当の意味の教育にはなっていません。

今、「百点」というかたちで、よいほうで述べましたが、「クラスの平均点を六十点にする」としたら、どうなるでしょうか。

「人間は平等だから、六十点にしなければいけない。六十点以上を取った人は取りすぎだから、おまえたちは搾取階級だ。他人《ひと》の点数を取った者だ」ということで、六十点以上を取った人、つまり、七十点、八十点、九十点、百点を取った人たちは、みんな六十点に降ろされます。

また、「六十点以下の人は、かわいそうであるから、上の人が取った点数を分けてあげて、みんな六十点にする。これで〝平均六十点〟だ」というわけです。

こういう社会が共産主義社会だと言っているのです。

一見、喜びそうな気もしますが、よくよく考えてみると、こういう時代が続いていったら、だいたい、世の中はおかしくなります。それは当たり前のことです。

3　「結果の平等」を求めた旧ソ連や中国の〝地獄《じごく》〟

大きな違《ちが》いがある「機会の平等」と「結果の平等」

フランス革命でも「自由、平等、博愛」と言いますので、「平等」というのはみなが憧《あこが》れる項目《こうもく》の一つではあるのですが、気をつけなければいけないのは、「物事にチャレンジしていく機会の平等と、結果の平等は違《ちが》う」ということなのです。

私は、以前から、「機会の平等はできるだけ広げるべきだ。チャンスを与《あた》えなければいけない」と言っていますが、その人の才能や努力に応じて、「結果」に差は出てくるので、それについては「公平さ」でもって判定しなければいけません。ここのところが大きな違いなのです。

言葉を換《か》えて言えば、「チャンスの平等」「機会の平等」というのは、ある意味で「自由」のことなのです。「自由を与える」ということは、「機会の平等」と同じことになります。

それでは、残りの問題として、「結果の平等」について述べるとするならば、「どんなに働こうが働くまいが、結果が同じになる社会は、はたして正しいかどうか」ということになるでしょう。

理屈《りくつ》の上ではよいようにも聞こえますが、現実問題としては、かなり厳しいことになります。

例えば、東京あたりの街並《まちな》みを歩いていても、一週間、二週間たつと、店が潰《つぶ》れていたり、新しいものに替《か》わったりしています。自由主義の社会のなかでは倒《とう》産《さん》というものがあるのです。その代わり、また新しいところが起業してきます。

これは、実は、経営者にとってはとても厳しいことではあるけれども、「サービスの悪いものや品質の悪いものは潰れて、よいもののほうが出てくる」ということで、顧客《こきゃく》のほうから見れば、ありがたい結果ではあるわけです。

投票型民主主義で「チャンスの平等」を

それは「選挙」でも同じです。

政治家にとっては、封建《ほうけん》時代のように、ずっと地位を維持《いじ》できればよいのですが、実際には、先ほど述べた、顧客に商品を買ってもらうお店と同様で、票が入らなくなったらクビになってしまいます。

（投票型民主主義の社会は）大臣や総理大臣でさえクビにできる社会です。投票型民主主義は、基本的に、「人を殺さなくても、政権交代ができる。あるいは為政者《いせいしゃ》を替えることができる」というところにメリットがあるわけです。

（国民が）「そのための投票の権利を与えよ」と言うのは分かります。

男性だけにしか投票の権利がなかった時期もあります。また、男性であっても、明治時代には、例えば、直接国税を十五円以上納める者にしか投票の権利がなかったときもありました。

今のお金とは貨幣《かへい》価値が違うので、今だとどのくらいになるか分かりませんが、「何百万円かの収入のある人だけに、投票権がある」というようなことだと、収入がない無職の人たちは、「自分たちを救ってくれ」という意思表示を政治的にできないことになります。

そこで、「投票権があるかないかを、収入だけで決められたら困る」という考えが出てきて、収入のない人たちにも投票権を平等に与えることになりました。

それから、女性には投票権が与えられていなかったのですが、戦後、与えられました。当然のことです。

これが「チャンスの平等」です。

中国に必要なのは「情報公開」と「人権弾圧《だんあつ》等のチェック」

このように「チャンスの平等」を与えていくべきです。そして、その人がやった仕事によって、いろいろと判定される社会でなければ、おかしいのです。

ここが（共産主義の）根本的に違っているところです。

「結果平等」だけを言うと、最後にはどうなるでしょうか。結局、「嫉妬《しっと》の原理」が働いてきて、ほかの人たちよりも得をしているような人をバシッと潰すというか、粛清《しゅくせい》や処刑《しょけい》につながることがとても多いのです。非常に血なまぐさい結果が歴史的には生じています。

しかし、旧ソ連がそうだったように、中国でも国家がマスコミを抑《おさ》え込《こ》んで、この部分については国内の人に知らせず、海外の人にも知らせませんでした。これまではそれで抑え込めていたわけですが、だんだんに厳しくはなっています。ただ、中国には十四億人がいて、あれだけケータイやスマホ（スマートフォン）が流行《はや》っているのに、まだ情報統制ができています。三十万人もの〝情報警察〟がいて、すぐに抑えに来るのです。

例えば、習近平《しゅうきんぺい》国家主席は「クマのプーさん」に似ているということで、「クマのプーさん」という言葉を検索《けんさく》しただけで、すぐに調査が入ります。「これをやってはいけない。これは反革命かもしれない」ということで、すぐ調べられることがあるわけです。

このへんに、大きな問題があるのではないかと思っています。

中華《ちゅうか》系の人たちは、もともと商売上手な人たちです。したがって、自由を与えられれば、どんどん発展し、繁盛《はんじょう》していく人が大勢出てくるのですが、統制をかけられると、発展できなくなって怠《なま》け始め、働かなくなるのです。そのため、富の喪失《そうしつ》がたくさん生まれているのではないかと思います。

今、私たちが中国に言いたいのは、まず、「マスコミを入れて情報公開をしても、もつような国家でなかったら、世界のリーダーになる資格はない」ということです。

政府が、悪いところは全部隠《かく》し、よいところだけを表向きに見せ、「うちはよい国だ」と言って、ほかの国を騙《だま》し、これに巻き込んでいこうとするのであれば、世界のリーダーになる資格はありません。

やはり、もう少し「情報公開」を進めるべきです。中国に必要なものの一つは「情報公開」です。

もう一つ必要なものは、「人権弾圧《だんあつ》等が行われていないかどうかのチェック」です。これはマスコミの責任でもありますが、なかにいる人間がもっと考えなければいけないことでもあります。

民主主義と独裁制では、「法治国家」の意味が違《ちが》う

アメリカのトランプ大統領は、目茶苦茶《めちゃくちゃ》なことを言っているように聞こえますけれども、「神様は存在する」ということを認めているので、神様に祈《いの》りながら政治をやっています。

それは、「神様はいて、全智全能《ぜんちぜんのう》であるのは神様だけであり、人間は全智全能ではない。そういう意味では、よきものと悪きものを、そのつど、そのときどきに選《え》り分けていかなくてはならない」という考え方です。

そういうことを考えているので、〝神様がいる国〟と〝そうでない国〟とでは、やはり違《ちが》いが出るのです。

〝神様がいない国〟においては、基本的には、この世的に皇帝《こうてい》のような人が出てきて政治を行います。しかし、そういう人が出てきて君主のように支配し始め

ると、たとえ法律をつくって法治国家のように見せても、それは、その君主に都合《つごう》のよい法治国家ができているだけです。そして、反乱など、自分たちを倒《たお》しそうなものを潰して歩くようなことをするのです。

必ずそのようになるのです。

法治国家といっても、「民主主義下の法治国家」と、そうではない「独裁制に基《もと》づく法治国家」とでは、意味が全然違ってきます。

法律で定めてあれば、いかなる刑法もありえます。「どのように、首を斬《き》ろうが、手を斬ろうが、足を斬ろうが、構わない」という法治国家もありうるわけです。

やはり、民主主義下の法治国家、誰《だれ》もが「自分にとって幸福か幸福でないか」ということを決められる制度のなかでの法治国家でなくてはなりません。法律がつくられ、施行《しこう》されても、もし、それがおかしかったら、それを国民の投票で直せるような仕組みになっていなければ、法治国家といっても、信用することはできないのです。

現在の中国を、習近平氏などは「法治国家」と言ってはいますが、「本当の意味での法治国家、民主主義下の法治国家とは違うのではないか」と私は思っています。

ですから、中国は今、「一帯一路《いったいいちろ》」とか「海のシルクロード、陸のシルクロード」とか言って、ヨーロッパにまでラインを引いて、人口十四億の力でアジア諸国からアフリカ諸国まで支配下に入れようとし始めていますが、

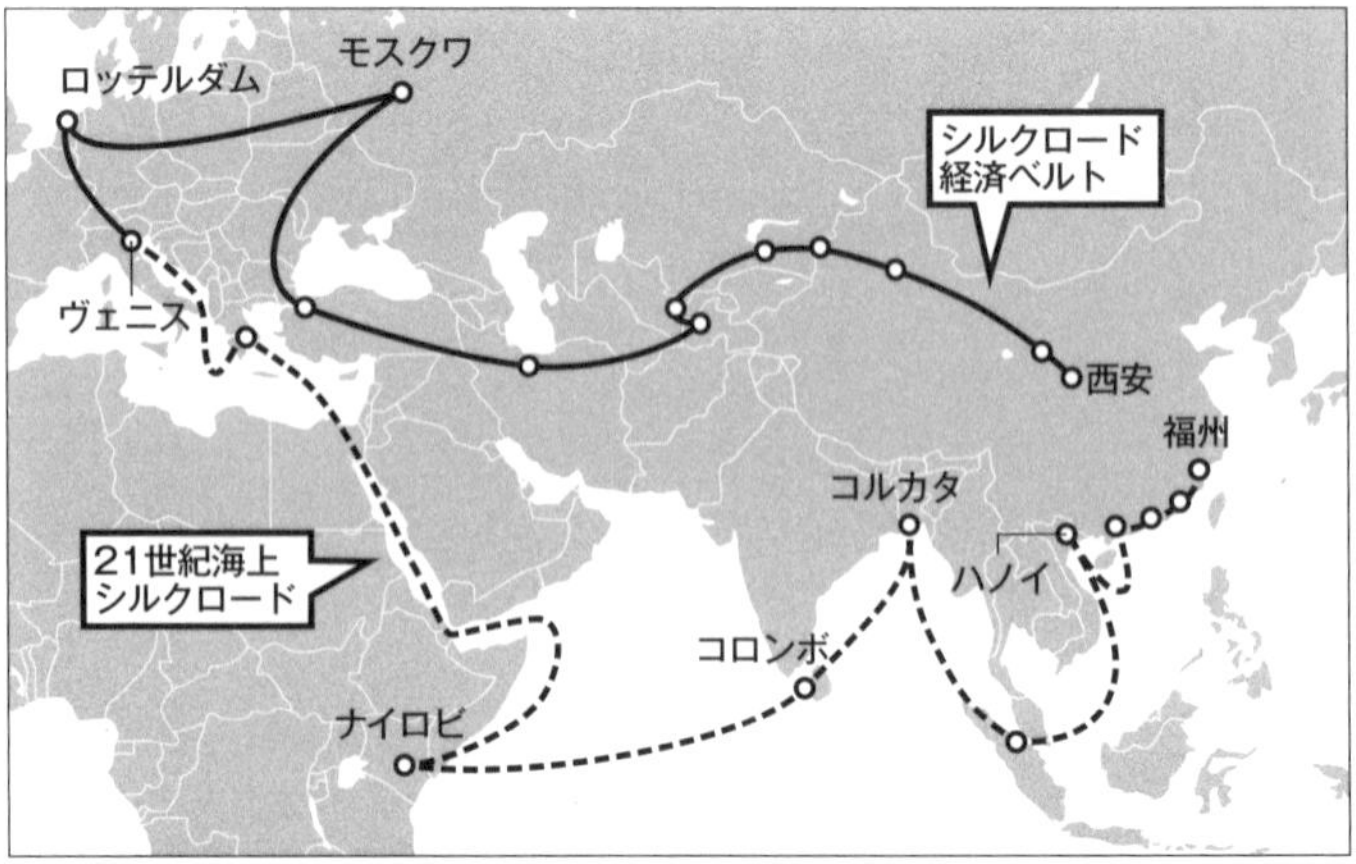

●**一帯一路**　中国の習近平国家主席が推進する「陸のシルクロード（一帯）」と「21世紀海上シルクロード（一路）」の２つの経済・外交圏構想。アジアインフラ投資銀行（AIIB）などを通して、関係国に道路や鉄道、港湾、通信網などのインフラ整備を行い、新たな経済圏の確立を目指している。

「内実を伴《ともな》っていなければ、ほかに迷惑《めいわく》を被《こうむ》る人がたくさん出てくる」ということを知ったほうがよいでしょう。

ウイグルの人々が幸福実現党に助けを求めに来た理由

特に最近、私はウイグルやチベット、内モンゴルの問題をよく述べています。去年（二〇一八年）あたりから、ウイグルの活動家の方々から幸福実現党のほうに、いろいろとお願いが来るようになったのです。

彼らによれば、「安倍《あべ》政権には、二〇一二年に二回目の政権が発足《ほっそく》した当初から、ウイグルの問題をお願いしていて、いったんは聞いてくれるけれども、何もしてくれない」とのことです。日本政府としては、何かをやろうとすると、中国共産党のほうから「不利なことが起きるぞ」という脅《おど》しが来るため、動けないようです。

そのため、「いくら言っても何もしてくれない。幸福の科学の大川総裁に言う以外、もう方法はなかろう」ということで、去年の秋ごろ、私のほうに「何とかしてほしい」という依頼《いらい》が入ったわけです。少し過大評価かもしれませんが。

そこで、ドイツでの講演会（二〇一八年十月七日）では、「ドイツは今、中国との取引を強くしようとしているけれども、望ましくない。ウイグルの実態をキチッとしないと、よろしくない。人権弾圧が行われている」ということを申し上げました。

そうして、日本に帰ってきてしばらくしたら、ウイグル問題の記事が新聞に載《の》り始めたのです。

昨日《きのう》も、新幹線に乗って東京から名古屋《なごや》に行く途中《とちゅう》、車内の電光掲示板《けいじばん》に、「イスラム教の国であるトルコが、ウイグルに強制収容所があり、そこに百万人

●ドイツでの講演会……『Love for the Future《ラヴ フォー ザ フューチャー》』（前掲）参照。

もの人が入れられて洗脳教育を受け、さまざまな体罰《たいばつ》も受けている状況《じょうきょう》に対して、『まことに嘆《なげ》かわしい。許しがたい』というような声明を発表した」というニュースが流れていました。やっと、ほかのところからも言い始めている状況です。

イスラム教圏《けん》の国々も、ウイグルの問題は知っていたはずですが、誰も味方をしてきませんでした。なぜかというと、中国の「海のシルクロード」の考えからいくと、油田地域がたくさんあるイスラム教国は、貿易で利益が出ることになるからです。

つまり、「同胞《どうほう》を見殺しにすることになるけれども、黙《だま》っていたほうが経済的には有利だ」ということなのでしょうが、これは許しがたいことだと私は思います。

ですから、「やっとイスラム教国も言い始めたな」と思っています。アメリカも今、ウイグルの弾圧について激しく言っています。また、幸福実現党も、微力《びりょく》ながら国連に言いに行って、けっこう突《つ》いています。

ウイグルは内陸部なので、独立させることはそう簡単ではありません。やはり、国際世論《せろん》を高めることや、言論としての本を中国国内に浸透《しんとう》させていくこと、あるいは、政治形態を変えさせていく運動をつくっていくことしか、方法はないだろうと思います。

中国を「自由・民主・信仰《しんこう》」のある国に変えていきたい

これは、「あの国が悪い」と思っているからというよりは、「国民や人民といわれている人たちが、本当の意味で解放されて自由になる、そうした『自由・民主・信仰《しんこう》』のある国にしていきたい」と思っているからです。

中国の人たちも、水面下では信仰心があります。おそらく日本人と同じぐらいはあるはずです。公式には言わないかもしれませんが、水面下では、先祖供養《くよう》から始まって、さまざまな民間信仰があるのです。

ところが、中国の憲法は、表向きは信教の自由を認めていて、五つぐらい国家が公認している宗教がありますけれども、それらもすべて警察の監視《かんし》下にあって、地下教会はそうとう弾圧されている状態です。「信教の自由」は実質上ないのと同じなのです。「宗教は、すぐに集団をつくって政治的に介入《かいにゅう》してくる」ということで、警戒《けいかい》されているわけです。

こういうところを、微力ではあっても、何とかして解決していきたいと思っています。

中国共産党の立党は一九二一年であり、今から二年後の二〇二一年には百周年を迎《むか》えますが、彼らはこれを目標にして何かを考えているだろうと思います。「それで悲劇的なことが起きるなら、できるだけ事前に止めたい」ということで、私は意見を述べています。

4 「民主主義・台湾《たいわん》」を中国の侵略《しんりゃく》から護《まも》れ

台湾の元総統・李登輝《りとうき》氏からの手紙

先般《せんぱん》、台湾《たいわん》の元総統・李登輝《りとうき》さんから私宛《あ》てに親書が届きました。お手紙には、私の著書を献本《けんぽん》されたことのお礼や自分の近況《きんきょう》、台湾の事情など、いろいろなことが書かれていました。

それと一緒《いっしょ》に、木製の引き出しで四段ぐらいあるものが届き、「これはいったい何だろう？　江戸《えど》時代のカラクリだろうか。何か貴金属でも入っているのだろうか」と思いつつ開けてみたら、李登輝さんの九十六年の生涯《しょうがい》をまとめたＤＶＤ集が入っていました。

全部で七時間半ぐらいあり、名古屋《なごや》に行く前に観《み》るのはけっこう大変でしたが、いちおうすべて観ました。一言《ひとこと》で言うと、「哲人《てつじん》政治家」です。

李登輝さんは、二十二歳《さい》まで、日本の教育を受けています。小学校あたりから日本の教育を受け、京都帝国《ていこく》大学に行き、農業経済学を勉強されています。途中《とちゅう》で日本が敗戦したため、台湾に戻《もど》って農業経済学の勉強を続け、さらにアメリカに留学されて、コーネル大学で博士号を取られています。

最初は政治を志していなかったのですが、蔣介石《しょうかいせき》の息子《むすこ》の蔣経国《しょうけいこく》に引っ張られて副総統になり、さらに、蔣経国の死後、総統になったのです。

その李登輝さんより手紙を頂いたわけですが、日本人よりも日本人的な方で、戦前のいちばんいい日本の、エキスのような部分を体現しておられる方だと思います。

その方に、日本人の美徳をほめられると、「昔の日本人はそんなに立派だったのかな」と思い、本当に恥《は》ずかしいかぎりですけれども、一部そのとおりだろうと思う面はあります。

その部分を忘れて、「戦前の日本」を完全に否定するというか、全部が悪かったかのように言うのは、おかしいと思います。

日本と中国の思想書に見る死生観の違《ちが》い

李登輝さんがそのDVDで言っていたことのなかで、面白《おもしろ》いと思ったことがありました。

彼は、日本の本が読めるので、学生時代には西田幾多郎《にしだきたろう》などの本も読んでいました。また、武士道精神については、『葉隠《はがくれ》』なども読んでいましたし、新渡戸《にとべ》稲造《いなぞう》からも学んでいます。

『葉隠』は、「武士道と云《い》ふは死ぬ事と見つけたり」という有名な言葉から始まりますが、日本人の死生観として、まず、「人間は死ぬべきもの」と死を覚悟《かくご》し、そして、どう生きるかを考えるというものがあるのです。このような昔の立派な日本人の考え方があります。日本人は、死を覚悟した上で、自分がどう生きるかを考えるわけです。

ところが、中国のほうは、『論語』で有名な孔子《こうし》でも、「未《いま》だ生を知らず、焉《いずく》んぞ死を知らん」、すなわち、「どうやって生きたらよいかが分からないのに、死んでからあとのことなど分かるものか」というようなことを述べています。

孔子が語った『論語』のなかに、そのように記《しる》されているのですが、李登輝さんは、「この差はけっこうある」と明確に述べていました。

日本人は「死」から出発しています。人間は死すべきものであるので、いつ死んでもよいという覚悟で生きなければいけない。そう思ったときに、どう生きなければいけないかというと、「清く、正しく、誠実に、生きなければいけない」

ということです。そのため、日本人は嘘《うそ》をつかず、誠実で正直です。

例えば、軍隊においても、植民地になっていた台湾からでも、日本人と同じように将校に採用することもあり、その意味では差別はなかったということです。

そのため、台湾で兵を募《つの》ったときには、四百倍の応募《おうぼ》があったといいます。

また、台湾のなかには高砂族《たかさご》という少数民族がいます。

日本人は南方戦線へ行ったときに、現地の草など、食べられないものがたくさんあったのですが、その高砂族から日本軍に応募してきた人たちは、そういうものでも食べられました。日本人は、彼らほど胃腸が強くなかったので食べられなかったのです。

そして、彼らのなかには、食糧《しょくりょう》を調達しに行き、部隊に帰ってくる途中で、両手にその食糧を持ったまま、自分はそれを食べずに餓死《がし》した人もいました。「自分は食糧調達係として、部隊に食糧を持って帰るという使命のために行ったから」ということで、持っていた食糧を食べないまま餓死した高砂族の兵士がいたということを述べていました。

これは、日本人以上に日本人らしいということでしょう。そういう人々がいたことを、李登輝さんは明らかに述べています。

このようなところも含《ふく》めて、戦後の左翼《さよく》系のマスコミや、中国や北朝鮮《きたちょうせん》や韓国《かんこく》などが言っている「日本人像」とは、そうとう違《ちが》ったものが出ています。

「銃口《じゅうこう》から革命が生まれる」を肯定《こうてい》しすぎた毛沢東《もうたくとう》の過《あやま》ち

李登輝さんは九十六歳（説法《せっぽう》当時）なので、今後、それほど長くは活躍《かつやく》できないかもしれません。ですから、そういう方が残っているうちに、しっかりとした精神を遺《のこ》さなければならないでしょう。

戦後、蔣介石が国共内戦で毛沢東《もうたくとう》との争いに敗れ、台湾へ逃《に》げて行ってから、台湾の不幸が始まるわけです。すなわち、「日本人」でもあったけれども、「中国人」になり、戦勝国だか戦敗国だか分からないような混乱が続きました。

ただ、孫文《そんぶん》、蔣介石、それから、蔣経国、李登輝という流れのなかで、台湾は、孫文の考えによる「三民主義」、要するに、民主主義的な考え方と議会制を大事にする考え方、それに基《もと》づく法治国家の思想のようなもので運営されているわけです。

彼はそういうことを言っていたのですが、これは、今の中国本土のほうに必要なことであるでしょう。

中国は、「台湾はもともと中国のものだから、有無《うむ》を言わさずに吸収する」などと言っていますが、香港《ホンコン》であれだけ抵抗《ていこう》しているのを見ると、いったん、「自由・民主・信仰《しんこう》」を知った人たちは、そうした唯物論《ゆいぶつろん》的無神論のなかで一元管理される世界には、やはり、なかなか簡単に入れない部分があるということです。

●三民主義　中国建国の父といわれる革命家・孫文（1866 ～ 1925）が唱えた思想。民族主義（帝国主義からの独立）・民権主義（民主制の実現）・民生主義（国民生活の安定）の３つからなる。

多少、失礼に当たるかもしれませんけれども、毛沢東は、原点において、やはり間違いがありました。思想において間違いがあり、「銃口《じゅうこう》から革命が生まれる」というような思想を肯定《こうてい》しすぎたために、たくさんの同胞《どうほう》を虐殺《ぎゃくさつ》していったという事実があります。

「大躍進政策《だいやくしんせいさく》」「文化大革命」で数千万人を犠牲《ぎせい》にした毛沢東《もうたくとう》

先ほど、李登輝さんは、台湾の食糧の増産等をするために農業経済の勉強をし、新渡戸稲造等、いろいろな人が行《おこな》ってきたことの後を継《つ》ぎ、成果をあげておられるということを述べました。

これに対し、毛沢東《もうたくとう》は、戦後、共産党で中国を押《お》さえたあと、「大躍進政策《だいやくしんせいさく》」を行ったのです。そのなかには、食糧の増産ということも入ってはいましたが、素人《しろうと》であるため、数多くの間違いをしています。

例えば、稲作《いなさく》においては、田植えのときに一定の間隔《かんかく》を置いて苗《なえ》を植えるものですが、毛沢東にはそれが「もったいない」と見えるわけです。「たくさんの苗を密集させて植えれば収穫《しゅうかく》が増えるだろう」ということで、「密集型」で植えるように指示するのですが、結果は、当然のことながら、栄養や日光等、さまざまな影響《えいきょう》を受けて、収穫が減ってしまいました。

それから、「スズメは害鳥《がいちょう》なので、退治しなければ収穫が増えない」ということで、一斉《いっせい》にスズメの退治に入りました。しかし、スズメを退治したところ、今度は、イナゴが大量に発生して穀物を食い荒《あ》らしてしまい、大勢の人が飢《う》え死にするという結果が出たのです。

結局、この「大躍進政策」のなかで、何千万人もの人が亡《な》くなりました。

さらに、そのあと、毛沢東の晩年には、「文化大革命」というものが起きてきます。

ここでも、海外帰りの知識人など、外国語を話せるような人たちや大学教授、あるいは、芸能人のような影響力のある人たちが大勢捕《つか》まえられました。ですから、今の中国の人々の家族、親族には、たいてい捕まった人がいると思います。江青《こうせい》を中心とする「四人組」からそうとう被害《ひがい》を受けて、一千万、二千万人と殺されたわけです。

そうした犠牲者《ぎせいしゃ》を合わせると、四、五千万人か、あるいは六千五百万人か、正確には分かりませんが、そうとうな数の人が亡くなっています。

「社会主義」より「自由主義」がよい理由

社会主義的な理想においては、どうしても、一部エリートを必要とします。それが、スーパーパワーを持った大天才であれば、うまくいくこともあるでしょう。その場合は、凡人《ぼんじん》が知恵《ちえ》を集めるよりも、うまくいくこともあるとは思いますが、

●四人組　中国文化大革命を扇動し、反対派を弾圧した、江青《こうせい》・王洪文《おうこうぶん》・張春橋《ちょうしゅんきょう》・姚文元《ようぶんげん》のこと。毛沢東の死後に失脚し、死刑や懲役《ちょうえき》の判決を受けた。

普通《ふつう》は、実際にそうした大天才が出るよりは、「大天才であるかのごとく、周りのイエスマンが持ち上げて、反対する人を切り落としていく」というようなかたちになることがほとんどです。

それは、〝暗愚《あんぐ》の君主制〟とほとんど同じです。そのようになってきて、自分たちの私腹を肥やすようになることのほうが多いのです。

私が、「自由主義のほうがよい」と言っている理由は、こういうことなのです。やはり、「大天才」を連綿と生み出すことなどできやしません。ですから、「大天才」を待つことなく、教育でつくり出せる「小秀才《しょうしゅうさい》」で構わないので、そういう人をつくることです。「小秀才」であれば、毎年たくさんつくれますし、万単位でつくり出すことができるので、そういう人たちに、経営者や政治家、いろいろな技術開発者等、さまざまな人になってもらい、国を発展させていくのです。

そうした自由主義でやったほうが、結果的には成功するし、多くの人の幸福につながるということを述べているわけです。

その意味で、「自由」「民主」で、それに基づく法治国家でよいのだけれども、同時に「信仰」もあったほうがよいと言っているのです。

香港《ホンコン》や台湾《たいわん》に、チベットやウイグルのような不幸に遭《あ》ってほしくない

台湾《たいわん》のほうは、蔣介石も李登輝さんもクリスチャンですが、やはり、「神様がいる国家」としては、「神様のいない国家」に吸収されるというのは、なかなか堪《たま》らないことだろうと思います。

二〇二一年の「中国共産党結党百周年記念」で、香港《ホンコン》や台湾がひどいことにならないことを、私は祈《いの》っていますが、中国は何かしらやるかもしれません。

例えば、一九四九年に中国がチベットへ侵攻《しんこう》して以来、百万人以上は犠牲になっていると言われていますが、チベットの仏教徒たちのことが、非常に後《おく》れた人々のように見えたのでしょう。そして、ダライ・ラマを独裁君主のように見て、「農民を搾取《さくしゅ》しているから、人民解放軍が解放する」と称《しょう》して乗っ取り、百万人以上は亡くなっているようなのです。

また、ウイグル人は、今は一千万人ぐらいしか残っていないかもしれませんが、百万人以上が強制収容所、いわゆる「再教育キャンプ」に入《い》れられ、さらに二百万人ぐらいは通学型で〝教育〟されているはずです。ただ、もしかすると、彼らも一気に粛清《しゅくせい》される恐《おそ》れがあります。

香港や台湾の人たちに、それと同じような目に遭《あ》ってほしくはありません。微《び》力《りょく》ではありますが、幸福の科学は「言論の力」と「国際世論《せろん》を起こす力」を持っているので、言うべきことは言いたいと思います。

「真に正しい考え方」によって世界をリードする

それから、香港や台湾の人たちが、極端《きょくたん》に不幸な目に遭うようなことがあるならば、できるだけ国論を高めて、彼らを助けられるような日本になりたいと思うのです。

台湾のなかには、（先の大戦で）「日本人」として戦った人たちが大勢いるのです。今の七十歳以上の世代は、日本語が分かる方々も多くいますし、日本的教育を受けていています。もし、万一《まんいつ》、台湾の人たちにそうした危機が来るのであれば、やはり、日本には助ける義務があるでしょう。

『毛沢東の霊言《れいげん》』（前掲《ぜんけい》）で、毛沢東は、「台湾は、一カ月あれば取れる」と言っています。そういうときが来るかもしれないので、日本独自のためだけでなく、アジアのリーダーとしての使命は果たすべきです。今年は、そういうことも幸福の科学の活動方針のうちに入っています。

自民党は「日本を、取り戻す。」と言っていましたが、幸福の科学、幸福実現党では、「日本の誇《ほこ》りを取り戻す」ということを主張しています。また、●天《あめの》御《み》祖《おや》神《がみ》も「三万年前に日本の現代文明のもとを築いた」ということを語っていました。

したがって、「正しい者は強くなければならない」と思います。

民族主義を高めるつもりではありません。「真に正しい考え方」であれば、世界をリードしていくことができると考えています。

その方針で、今後ともいろいろな活動を展開していくつもりです。どうか、最後まで応援《おうえん》してください（会場拍手《はくしゅ》）。

●**天御祖神**　『古事記』や『日本書紀』よりも古いとされる古代文献『ホツマツタヱ』に出てくる「祖」に当たる神。幸福の科学では、「イエスが『父』と呼んでいた主《しゅ》と同一霊存在である」とされている。『天御祖神の降臨《こうりん》』（幸福の科学出版刊）参照。

あとがき

去年の台湾への日本人観光客は約二百万人といわれるし、台湾から日本への観光客は四百数十万人ともいわれている。近くて、旅行に便利で、親しみもあるのに、日本人の多くは中台問題を正確には知らない。日本の外務省も、北京《ペキン》政府の顔色をうかがって、ビクビクしているだけだろう。

私は本書で、「台湾の自由を守り抜く。」のが正しいこと。さらに、「中華人民共和国を、台湾・香港《ホンコン》化し、民主化せよ。」と主張している。これが地球神の考えである。また、私は、日本人としての考え方の筋を明確にし、現代の武士道のあり方も説いた。ハラをくくることも大事である。
数多くの日本人と、台湾、中華人民共和国の人々、アメリカやヨーロッパの人々にも読んで頂きたいと思う。

二〇一九年　三月九日

幸福《こうふく》の科学《かがく》グループ創始者兼総裁《そうししゃけんそうさい》　大川隆法《おおかわりゅうほう》

『愛は憎しみを超えて』関連書籍

『太陽の法』（大川隆法 著　幸福の科学出版刊）
『黄金の法』（同右）
『永遠の法』（同右）
『青銅の法』（同右）
『朝の来ない夜はない』（同右）
『Love for the Future』（同右）
『幸福実現党宣言』（同右）
『日本よ、国家たれ！　元台湾総統 李登輝守護霊 魂のメッセージ』（同右）
『孫文のスピリチュアル・メッセージ』（同右）
『「中華民国」初代総統 蔣介石の霊言』（同右）
『緊急・守護霊インタビュー　台湾新総統　蔡英文の未来戦略』（同右）

『毛沢東の霊言』（同右）
『アダム・スミス霊言による「新・国富論」
――同時収録　鄧小平の霊言　改革開放の真実――』（同右）
『守護霊インタビュー　習近平 世界支配へのシナリオ』（同右）
『習近平守護霊　ウイグル弾圧を語る』（同右）
『マルクス・毛沢東のスピリチュアル・メッセージ』（同右）
『「UFOリーディング」写真集』（同右）
『天御祖神の降臨』（同右）
『台湾と沖縄に未来はあるか？――守護霊インタヴュー
馬英九台湾総統 vs. 仲井眞弘多沖縄県知事――』（大川隆法 著　幸福実現党刊）
『世界皇帝をめざす男――習近平の本心に迫る――』（同右）
『中国と習近平に未来はあるか』（同右）

愛《あい》は憎《にく》しみを超《こ》えて
――中国を民主化させる日本と台湾の使命――

2019年3月26日　初版第1刷
2019年4月19日　第3刷

著　者　大《おお》川《かわ》隆《りゅう》法《ほう》

発行所　幸福の科学出版株式会社
〒107-0052 東京都港区赤坂2丁目10番14号
TEL(03)5573-7700
https://www.irhpress.co.jp/

印刷・製本　株式会社 堀内印刷所

落丁・乱丁本はおとりかえいたします

ISBN978-4-8233-0062-2 C0030
カバー FenlioQ/Shutterstock.com ／ p.101 時事通信フォト
装丁・イラスト・写真（上記・パブリックドメインを除く）© 幸福の科学

大川隆法 霊言シリーズ・台湾の未来

「中華民国」初代総統 蔣介石の霊言

日本とアジアの平和を守る国家戦略

毛沢東と覇を競い、台湾に中華民国を建てた蔣介石は、今、中国をどう見ているのか。親中派の幻想を打ち砕く「歴史の真相」と「中国の実態」が語られる。

1,400円

日本よ、国家たれ! 元台湾総統 李登輝守護霊魂のメッセージ

「歴史の生き証人」李登輝・元台湾総統の守護霊が、「日本統治時代の真実」と「先の大戦の真相」を激白! その熱きメッセージをすべての日本人に。

1,400円

孫文のスピリチュアル・メッセージ

革命の父が語る中国民主化の理想

中国や台湾で「国父」として尊敬される孫文が、天上界から、中国の内部情報を分析するとともに、中国のあるべき姿について語る。

1,300円

緊急・守護霊インタビュー 台湾新総統 蔡英文の未来戦略

台湾新総統・蔡英文氏の守護霊が、アジアの平和と安定のために必要な「未来構想」を語る。アメリカが取るべき進路、日本が打つべき一手とは?

1,400円

※表示価格は本体価格(税別)です。

大川隆法 霊言シリーズ・中国の野望への警鐘

毛沢東の霊言

中国覇権主義、暗黒の原点を探る

言論統制、覇権拡大、人民虐殺——、中国共産主義の根幹に隠された恐るべき真実とは。中国建国の父・毛沢東の虚像を打ち砕く必読の一書。

1,400円

習近平守護霊 ウイグル弾圧を語る

ウイグル"強制収容所"の実態、チャイナ・マネーによる世界支配戦略、宇宙進出の野望——。暴走する独裁国家の狙いを読み、人権と信仰を守るための一書。

1,400円

秦の始皇帝の霊言 2100 中国・世界帝国への戦略

ヨーロッパ、中東、インド、ロシアも支配下に!? 緊迫する北朝鮮危機のなか、次の覇権国家を目指す中国の野望に、世界はどう立ち向かうべきか。

1,400円

アダム・スミス霊言による「新・国富論」

同時収録 鄧小平の霊言 改革開放の真実

国家の経済的発展を導いた、英国の経済学者と中国の政治家。霊界における境遇の明暗が、真の豊かさとは何かを克明に示す。

1,300円

幸福の科学出版

大川隆法ベストセラーズ・「自由の創設」を目指して

Love for the Future

未来への愛

英語説法
英日対訳

過去の呪縛からドイツを解き放ち、中国の野望と第三次世界大戦を阻止するために──。ドイツ・ベルリンで開催された講演を、英日対訳で書籍化！

1,500円

政治哲学の原点

「自由の創設」を目指して

政治は何のためにあるのか。真の「自由」、真の「平等」とは何か──。全体主義を防ぎ、国家を繁栄に導く「新たな政治哲学」が、ここに示される。

1,500円

幸福実現党宣言

この国の未来をデザインする

政治と宗教の真なる関係、「日本国憲法」を改正すべき理由など、日本が世界を牽引するために必要な、国家運営のあるべき姿を指し示す。

1,600円

永遠なるものを求めて

人生の意味とは、国家の理想とは

北朝鮮のミサイルに対し何もできない"平和ボケ日本"にNO！ 人間としての基本的な生き方から、指導者のあり方、国家のあり方までを提言する。

1,500円

幸福の科学出版

大川隆法シリーズ・最新刊

日銀総裁 黒田東彦 守護霊インタビュー

異次元緩和の先にある新しい金融戦略

二期目に入った日銀総裁の本心に迫る。日本経済復活の秘策と、中国軍事経済への対抗策とは。〝新・黒田バズーカ〟が日本を取り巻く諸問題を打ち砕く。

1,400円

中国 虚像の大国

商鞅・韓非・毛沢東・林彪の霊言

世界支配を目論む習近平氏が利用する「法家思想」と「毛沢東の権威」。その功罪と正体を明らかにし、闇に覆われた中国共産主義の悪を打ち砕く一書。

1,400円

公開霊言　QUEENのボーカリスト フレディ・マーキュリーの栄光と代償

英語霊言 日本語訳付き

ＬＧＢＴ問題、ロックの功罪――。世界中から愛されたフレディの魂の告白とは。彼が信仰していたゾロアスターと、ジョン・レノンからのメッセージを同時収録。

1,400円

※表示価格は本体価格（税別）です。

世界から希望が消えたなら。
製作総指揮・原案／大川隆法
竹内久顕　千眼美子　さとう珠緒　芦川よしみ　石橋保　木下渓
監督／赤羽博　音楽／水澤有一　脚本／大川咲也加　製作／幸福の科学出版　製作協力／ARI Production　ニュースター・プロダクション
制作プロダクション／ジャンゴフィルム　配給／日活　配給協力／東京テアトル　©2019 IRH Press
2019年秋ロードショー

幸福の科学グループのご案内

宗教、教育、政治、出版などの活動を通じて、地球的ユートピアの実現を目指しています。

幸福の科学

一九八六年に立宗。信仰の対象は、地球系霊団の最高大霊、主エル・カンターレ。世界百カ国以上の国々に信者を持ち、全人類救済という尊い使命のもと、信者は、「愛」と「悟り」と「ユートピア建設」の教えの実践、伝道に励んでいます。

（二〇一九年四月現在）

愛

幸福の科学の「愛」とは、与える愛です。これは、仏教の慈悲《じひ》や布施《ふせ》の精神と同じことです。信者は、仏法真理をお伝えすることを通して、多くの方に幸福な人生を送っていただくための活動に励んでいます。

悟り

「悟り」とは、自らが仏の子であることを知るということです。教学《きょうがく》や精神統一によって心を磨き、智慧《ちえ》を得て悩みを解決すると共に、天使・菩薩《ぼさつ》の境地を目指し、より多くの人を救える力を身につけていきます。

ユートピア建設

私たち人間は、地上に理想世界を建設するという尊い使命を持って生まれてきています。社会の悪を押しとどめ、善を推し進めるために、信者はさまざまな活動に積極的に参加しています。

国内外の世界で貧困や災害、心の病で苦しんでいる人々に対しては、現地メンバーや支援団体と連携して、物心両面にわたり、あらゆる手段で手を差し伸べています。

年間約２万人の自殺者を減らすため、全国各地で街頭キャンペーンを展開しています。

公式サイト **www.withyou-hs.net**

ヘレン・ケラーを理想として活動する、ハンディキャップを持つ方とボランティアの会です。視聴覚障害者、肢体不自由な方々に仏法真理を学んでいただくための、さまざまなサポートをしています。

公式サイト **www.helen-hs.net**

入会のご案内

幸福の科学では、大川隆法総裁が説く仏法真理《ぶっぽうしんり》をもとに、「どうすれば幸福になれるのか、また、他の人を幸福にできるのか」を学び、実践しています。

入会

仏法真理を学んでみたい方へ

大川隆法総裁の教えを信じ、学ぼうとする方なら、どなたでも入会できます。入会された方には、『入会版「正心法語《しょうしんほうご》」』が授与されます。

ネット入会 入会ご希望の方はネットからも入会できます。

happy-science.jp/joinus

三帰《さんき》誓願《せいがん》

信仰をさらに深めたい方へ

仏弟子としてさらに信仰を深めたい方は、仏《ぶっ》・法《ぽう》・僧《そう》の三宝《さんぼう》への帰依を誓う「三帰誓願式」を受けることができます。三帰誓願者には、『仏説・正心法語』『祈願文《きがんもん》①』『祈願文②』『エル・カンターレへの祈り』が授与されます。

幸福の科学 サービスセンター
TEL 03-5793-1727 （受付時間／火～金：10～20時 土・日祝：10～18時（月曜を除く））

幸福の科学 公式サイト
happy-science.jp

ハッピー・サイエンス・ユニバーシティ

Happy Science University

ハッピー・サイエンス・ユニバーシティとは

ハッピー・サイエンス・ユニバーシティ（HSU）は、大川隆法総裁が設立された「現代の松下村塾」であり、「日本発の本格私学」です。
建学の精神として「幸福の探究と新文明の創造」を掲げ、チャレンジ精神にあふれ、新時代を切り拓く人材の輩出を目指します。

人間幸福学部　経営成功学部　未来産業学部

HSU長生キャンパス　TEL **0475-32-7770**
〒299-4325　千葉県長生郡長生村一松丙 4427-1

未来創造学部

HSU未来創造・東京キャンパス
TEL **03-3699-7707**
〒136-0076　東京都江東区南砂2-6-5　公式サイト **happy-science.university**

学校法人 幸福の科学学園

学校法人　幸福の科学学園は、幸福の科学の教育理念のもとにつくられた教育機関です。人間にとって最も大切な宗教教育の導入を通じて精神性を高めながら、ユートピア建設に貢献する人材輩出を目指しています。

幸福の科学学園
中学校・高等学校（那須本校）
2010年4月開校・栃木県那須郡（男女共学・全寮制）
TEL **0287-75-7777**　公式サイト **happy-science.ac.jp**

関西中学校・高等学校（関西校）
2013年4月開校・滋賀県大津市（男女共学・寮及び通学）
TEL **077-573-7774**　公式サイト **kansai.happy-science.ac.jp**

仏法真理塾「サクセスNo.1」

全国に本校・拠点・支部校を展開する、幸福の科学による信仰教育の機関です。小学生・中学生・高校生を対象に、信仰教育・徳育にウエイトを置きつつ、将来、社会人として活躍するための学力養成にも力を注いでいます。

TEL 03-5750-0747（東京本校）

エンゼルプランV　TEL 03-5750-0757

幼少時からの心の教育を大切にして、信仰をベースにした幼児教育を行っています。

不登校児支援スクール「ネバー・マインド」　TEL 03-5750-1741

心の面からのアプローチを重視して、不登校の子供たちを支援しています。

ユー・アー・エンゼル！（あなたは天使！）運動

一般社団法人 ユー・アー・エンゼル　TEL 03-6426-7797

障害児の不安や悩みに取り組み、ご両親を励まし、勇気づける、
障害児支援のボランティア運動を展開しています。

NPO活動支援

いじめから子供を守ろうネットワーク

学校からのいじめ追放を目指し、さまざまな社会提言をしています。また、各地でのシンポジウムや学校への啓発ポスター掲示等に取り組む一般財団法人「いじめから子供を守ろうネットワーク」を支援しています。

公式サイト **mamoro.org**　ブログ **blog.mamoro.org**

相談窓口 **TEL.03-5544-8989**

百歳まで生きる会

「百歳まで生きる会」は、生涯現役人生を掲げ、友達づくり、生きがいづくりをめざしている幸福の科学のシニア信者の集まりです。

シニア・プラン21

生涯反省で人生を再生・新生し、希望に満ちた生涯現役人生を生きる仏法真理道場です。定期的に開催される研修には、年齢を問わず、多くの方が参加しています。全国180カ所、海外12カ所で開校中。

【東京校】TEL **03-6384-0778**　FAX **03-6384-0779**

メール **senior-plan@kofuku-no-kagaku.or.jp**

幸福実現党

内憂外患《ないゆうがいかん》の国難に立ち向かうべく、2009年5月に幸福実現党を立党しました。創立者である大川隆法党総裁の精神的指導のもと、宗教だけでは解決できない問題に取り組み、幸福を具体化するための力になっています。

幸福実現党 釈量子サイト **shaku-ryoko.net**
Twitter **釈量子@shakuryokoで検索**

党の機関紙
「幸福実現NEWS」

幸福実現党 党員募集中

あなたも幸福を実現する政治に参画しませんか。

○幸福実現党の理念と綱領、政策に賛同する18歳以上の方なら、どなたでも参加いただけます。

○党費:正党員(年額5千円[学生 年額2千円])、特別党員(年額10万円以上)、家族党員(年額2千円)

○党員資格は党費を入金された日から1年間です。

○正党員、特別党員の皆様には機関紙「幸福実現NEWS(党員版)」(不定期発行)が送付されます。

＊申込書は、下記、幸福実現党公式サイトでダウンロードできます。
住所:〒107-0052 東京都港区赤坂2-10-8 6階 幸福実現党本部
TEL **03-6441-0754** FAX **03-6441-0764**
公式サイト **hr-party.jp**

幸福の科学出版

大川隆法総裁の仏法真理の書を中心に、ビジネス、自己啓発、小説など、さまざまなジャンルの書籍・雑誌を出版しています。他にも、映画事業、文学・学術発展のための振興事業、テレビ・ラジオ番組の提供など、幸福の科学文化を広げる事業を行っています。

アー・ユー・ハッピー？
are-you-happy.com

ザ・リバティ
the-liberty.com

幸福の科学出版
TEL **03-5573-7700**
公式サイト **irhpress.co.jp**

THE FACT

ザ・ファクト
マスコミが報道しない
「事実」を世界に伝える
ネット・オピニオン番組

YouTubeにて
随時好評
配信中！

ザ・ファクト 検索

NEW STAR PRODUCTION

ニュースター・プロダクション

「新時代の美」を創造する芸能プロダクションです。多くの方々に良き感化を与えられるような魅力あふれるタレントを世に送り出すべく、日々、活動しています。 公式サイト **newstarpro.co.jp**

ARI Production

ARI《アリ》 Production《プロダクション》

タレント一人ひとりの個性や魅力を引き出し、「新時代を創造するエンターテインメント」をコンセプトに、世の中に精神的価値のある作品を提供していく芸能プロダクションです。 公式サイト **aripro.co.jp**

大川隆法　講演会のご案内

大川隆法総裁の講演会が全国各地で開催されています。講演のなかでは、毎回、「世界教師」としての立場から、幸福な人生を生きるための心の教えをはじめ、世界各地で起きている宗教対立、紛争、国際政治や経済といった時事問題に対する指針など、日本と世界がさらなる繁栄の未来を実現するための道筋が示されています。

2019年3月3日 グランド ハイアット 台北（台湾）「愛は憎しみを超えて」

2018年12月11日 幕張メッセ「奇跡を起こす力」

2017年8月2日 東京ドーム「人類の選択」

2018年10月7日 ザ・リッツカールトン ベルリン（ドイツ）「Love for the Future」

2019年1月26日 広島県立文化芸術ホール「未来への希望」

講演会には、どなたでもご参加いただけます。最新の講演会の開催情報はこちらへ。⟹

大川隆法総裁公式サイト
https://ryuho-okawa.org